LORIOTs
ÖDIPUSSI

Loriots
Ödipussi

———◆———

Diogenes

Umschlagfotos
Vorderseite und Rücken: Wolfgang Jahnke
Rückseite: Renate Westphal-Lorenz
Abdruck der Fotos mit freundlicher Genehmigung
der Rialto Film und der Fotografen
Nachweise am Schluß des Bandes
Layout von Hans Höfliger

Alle Buchrechte vorbehalten
Copyright © 1988 by
Diogenes Verlag AG Zürich
500/88/30/1
ISBN 3 257 01762 6

1 *Haus Mutter Winkelmann. Außen. Tag.*

Kamerazufahrt auf altmodische Villa mit Garten.
Fahrt durchs Fenster in das Wohnzimmer von Mutter Winkelmann.

2 *Haus Mutter Winkelmann. Innen. Tag.*

Fahrt auf Konzertflügel mit mehreren darauf stehenden Fotos, darunter Vater Winkelmann (Jahrgang 1900 im Jahre 1950), Mutter Winkelmann und Sohn im Jahre 1938.
Einstellung nah, Foto Mutter und Sohn fast bildfüllend. Man hört ihre Stimmen.

MUTTER WINKELMANN	Sei ein lieber Junge und iß noch ein bißchen ... Du willst mich doch nicht traurig machen! ... Und halte dich gerade ...
PAUL	Ja, Mamma.

Paul Winkelmann (56) sitzt am Tisch im Eßzimmer und ißt widerwillig. Er trägt eine Brille in der Jackentasche. Sein Hemdkragen sitzt unkorrekt.
Seine Mutter (78) bleibt zwischen Küche und Eßzimmer in Bewegung, um für die Mahlzeit ihres Sohnes zu sorgen.

MUTTER WINKELMANN	Du kannst auch heute abend hier essen, es ist noch genug da! Schmeckt dir die Putenbrust?
PAUL	Wundervoll, Mamma, ganz wundervoll ...
MUTTER WINKELMANN	Und wenn du hier schlafen möchtest, dein Kinderzimmer ist immer für dich bereit ... Ich mach dir das Püree noch mal warm.

Sie geht in die Küche.

PAUL	Ich komme zu spät!
MUTTER WINKELMANN	Erst wird gegessen! . . . Paul . . . !
PAUL	Ja, Mamma . . .

Mutter Winkelmann kommt mit dem aufgewärmten Püree ins Zimmer zurück.

MUTTER WINKELMANN	Warum hast du dir bloß diese Wohnung genommen? Andere Jungens wohnen doch auch zu Hause . . .
PAUL	Ja, Mamma . . .
MUTTER WINKELMANN	Pussi . . . ?
PAUL	Ja.
MUTTER WINKELMANN	Hast du mir deine Hemden mitgebracht?
PAUL	Ach nein, Mamma, das muß doch nun wirklich nicht sein . . .
MUTTER WINKELMANN	Liebes Kind, ich wasche seit fünfzig Jahren deine Hemden, weil ich will, daß du ordentlich aussiehst! Die Haare könntest du dir auch mal wieder schneiden lassen . . .
PAUL	Ja, Mamma . . .
MUTTER WINKELMANN	Die Kundschaft sieht auf so was! Du bist jetzt der Chef von Winkelmann und Sohn . . . wie dein Vater und dein Großvater . . . Ich bin stolz auf dich! Du ißt ja gar nichts . . .

Sie zieht Pauls Hemdkragen zurecht und geht in die Küche.

PAUL	Ich kann nicht mehr . . .

3 *Straße vor Haus Mutter Winkelmann. Außen. Tag.*

Paul Winkelmann verläßt mit einem Trenchcoat über dem Arm das Haus und geht durch den Vorgarten auf die Straße. Frau Winkelmann steht auf dem Balkon. Mutter und Sohn winken sich zu.
Paul wird von einem Passanten angesprochen.

1. PASSANT	Entschuldigen Sie, können Sie mir sagen, wie ich zur Schinkelstraße komme . . . ?

PAUL   Ja!...Schinkelstraße...

Er sieht straßauf, straßab und grübelt hilfsbereit. Ein weiterer Passant bleibt stehen.

2. PASSANT   Das ist hier die Schinkelstraße.
PAUL   Ja!

4   *Villen- und Ladenstraßen. Außen. Tag.*

Paul trifft auf einen Bettler, sucht in allen Taschen vergeblich nach Kleingeld, sieht sich verlegen um und setzt beklommen seinen Weg fort.

5   *Ladenstraße. Außen. Tag.*

Paul tritt nach einer leeren Blechdose und verfehlt sie.

6   *Straße vor Pauls Laden. Außen. Tag.*

Paul betritt das familieneigene Möbelgeschäft mit Deko-Abteilung.

7   *Pauls Laden. Innen. Tag.*

Er bleibt mit dem Gürtel seines Mantels an der Türklinke hängen.
Frl. Hagebusch, Pauls junge, etwas aufsässige Verkaufshilfe, berät eine Kundin.
Ein Ehepaar wartet auf Bedienung.
Paul Winkelmann hängt seinen Staubmantel in eine privat genutzte Abseite neben
dem Verkaufstresen.

FRL. HAGEBUSCH   Das liegt ganz bei Ihnen, meine Dame, aber Gittertüll ist
                eigentlich keine Übergardine . . . Gittertüll gibt ein
                schönes Licht, aber ist halt keine Übergardine . . . dann
                lieber nur 'ne Übergardine . . .
PAUL   Sind die . . .
FRL. HAGEBUSCH   . . . aber das liegt ganz bei Ihnen . . .
PAUL   . . . Muster aus England schon da?
FRL. HAGEBUSCH   England?

Frl. Hagebusch widmet sich wieder ihrer Kundin.

FRL. HAGEBUSCH   . . . ich kann Ihnen da auch was in Baumwolle zeigen . . .
PAUL   . . . äh . . . Italien . . . Italien, meine ich . . . Ach nee, die
                sind ja . . . die habe ich ja . . .

Er rückt die auf seinem Schreibtisch achtlos abgelegte Post pedantisch zurecht.

FRL. HAGEBUSCH   Herr Winkelmann, die Herrschaften da drüben suchen
                einen Wäscheschrank . . . *(wieder zur Kundin)* . . . also,
                wenn Sie mehr in uni eingerichtet sind, ist es doch mal
                was anderes . . .

Paul Winkelmann geht auf das Ehepaar zu, wobei er mit einem Staublappen über
Möbel und Gegenstände wischt.
Zu Beginn des Verkaufsgespräches versteckt er den Lappen verlegen hinter seinem
Rücken.

PAUL   Kann ich Ihnen irgendwie . . . ?
GATTIN   Wir suchen einen Schlafzimmerschrank . . .
GATTE   . . . für Anzüge, wo man auch . . . äh . . . diese . . .
GATTIN   . . . Also, mit 'ner Stange und Fächern für Wäsche . . .
GATTE   . . . und Schuhe . . .

PAUL   Ich weiß, was Sie suchen! *(zu Frl. Hagebusch)* Wo is'n der Prospekt für die dänische Kombi-Serie?

FRL. HAGEBUSCH   Da . . . in der Kommode . . . *(zur Kundin)* . . . oder Chintz . . .

Frl. Hagebusch führt ihr Verkaufsgespräch weiter.
Paul sieht sich suchend um, entdeckt die direkt vor ihm stehende breit ausladende Kommode, legt den Staublappen darauf ab, ergreift die beiden Knöpfe der obersten Schublade und spricht weiter, während er die Schublade nach einem ersten erfolglosen Zug mühsam aufruckelt.

PAUL   Der Vorteil der dänischen Kombi-Serie beruht auf ihren raumsparenden Abmessungen und ihrer durchdachten Innenausstattung . . .

Er entnimmt den Prospekt und sieht hinein, wobei er seine Brille aufsetzt.

PAUL   Das Modell ›Trulleberg‹ müßte ich Ihnen eigentlich zeigen können . . .

Er überprüft einen neben der Kommode stehenden Schrank anhand des Firmen-Anhängers.

PAUL   Ja . . . ›Trulleberg‹ . . . das ist der ›Trulleberg‹ . . . dieses Modell ist sehr solide verarbeitet . . .

Eine Kundin, Margarethe Tietze (40), tritt heran.

MARGARETHE   Ach, bitte, ich wollte nur fragen . . . haben Sie Stoffe . . .

PAUL   Ich komme gleich zu Ihnen . . .

Er wendet sich wieder an das Ehepaar. Margarethe sieht sich im Laden um.

PAUL   Was hatte ich . . . äh . . . ach ja, ein weiterer Vorteil ist die Möglichkeit zur Selbstmontage.

GATTE   Also, wenn wir den erst selber zusammenbauen müssen . . .

PAUL   Das ist gar kein Problem . . .
Sie heben die Deckplatte aus den Zapfen und lassen die Seitenteile ausklinken . . . Sehen Sie . . .

Er drückt die Schrankdecke nach oben und kippt eine Schrankwand schräg zur Seite.

GATTIN Und wieder zusammen?

PAUL Die Seitenteile wieder einklinken . . . und mit dem Scherbolzen fixieren!

Paul sieht ratlos in das Schrankinnere.

PAUL Fräulein . . . äh . . . Hagebusch, wo ist denn der Scherbolzen für den ›Trulleberg‹?

Frl. Hagebusch ist mit der Beratung ihrer Kundin beschäftigt und hat nicht hingehört.

FRL. HAGEBUSCH . . . das ist hier eine reine Baumwollware mit fünfunddreißigprozentiger Polyester-Beimischung . . . die hängt sich gut aus und ist sehr angenehm . . .

Paul wendet sich an das Ehepaar.

PAUL Ach, würden Sie das einen Moment halten? Zu zweit geht es ganz einfach . . . vielleicht wenn die gnädige Frau hier . . . *(zum Gatten)* . . . und wenn Sie . . .
. . . Sie brauchen die Deckplatte nur leicht abzustützen . . .

Die Gattin übernimmt die Schrankwand mit beiden Händen.
Der kleine Gatte steigt an Paul vorbei in den Schrank und klemmt sich die Aktentasche zwischen die Beine. Er muß sich strecken, um die Schrankdecke zu halten.
Paul eilt zu Frl. Hagebusch, die mit monotoner Stimme auf ihre Kundin einredet. Er wird von Margarethe Tietze aufgehalten.

MARGARETHE Ich habe eine Sitzgruppe und wollte wissen, ob . . .

PAUL Eine Sekunde, gnä' Frau . . . *(zu Frl. Hagebusch)* . . . Wo ist denn der Scherbolzen für den ›Trulleberg‹?

Margarethe verläßt resigniert den Laden.
Paul tritt an Frl. Hagebusch vorbei hinter den Verkaufstisch.

FRL. HAGEBUSCH	Im Karton ... *(zur Kundin)* ... Aber das liegt ganz bei Ihnen ...
PAUL	Im Karton! In welchem Karton?!
FRL. HAGEBUSCH	Neben dem vergammelten Baumwollrips ... *(zur Kundin)* ... Ich könnte Ihnen die Ware bestellen ...
PAUL	Können Sie das ein bißchen genauer beschreiben?
FRL. HAGEBUSCH	... Oder in der Kommode ... in der mittleren Schublade ... *(zur Kundin)* ... Oder Sie nehmen was Leichtes in Crème ...

Paul eilt zurück zur Kommode, ruckelt die obere Schublade zu und die mittlere auf. Dabei setzt er das Verkaufsgespräch mit dem Ehepaar fort.

PAUL	Die dänische Kombi-Serie ist übrigens in fast allen Farben lieferbar ...

Das oberste Regalbrett klappt auf das darunter liegende.

PAUL	... Auch in Eierschal ...
GATTIN	Eierschal paßt ja überall rein ...

Die zweite Schrankwand kippt zur Seite, alle Regalbretter fallen geräuschvoll zu Boden.

PAUL   Wie sind Sie denn sonst so eingerichtet?

Der Schrank löst sich auf. Eine große Anzahl von Bügeln rutscht polternd heraus.

8   *Straße vor Herrenausstatter. Außen. Tag.*

Paul hat seinen Laden verlassen, um Einkäufe zu machen. Sein Hemdkragen sitzt wieder unkorrekt. Im Vorbeigehen an einem Herrenausstatter fallen ihm Slips ins Auge, die im Schaufenster dekoriert sind. Er bleibt stehen, betrachtet kurz die Auslage und betritt das Geschäft.

9   *Herrenausstatter. Innen. Tag.*

Paul wendet sich an einen gelangweilten Verkäufer, der mit dem Zusammenlegen von Pullovern beschäftigt ist.

1. VERKÄUFER   Ja bitte?
        PAUL   Ich hätte gerne Slips . . .
1. VERKÄUFER   Größe fünf?
        PAUL   Sechs . . .

Der Verkäufer sucht nach dem Verlangten.
Pauls Blick fällt auf eine Kundin, die mit einem zweiten Verkäufer an einem Krawattenständer steht. Es ist Margarethe Tietze.
Der erste Verkäufer hat einen sehr knappen Slip hervorgeholt und spannt ihn mit beiden Händen.

1. VERKÄUFER   Das ist reine Baumwolle mit sechzigprozentiger Polyesterbeimischung ... das Modell ist gesäßbetont, also dafür etwas knapper im ...
PAUL   Ja-ja ...

Margarethe ist an den Verkaufstisch getreten, auf dem sich ein weiterer Krawattenständer befindet.
Paul ist durch ihre Anwesenheit äußerst geniert.

1. VERKÄUFER   Oder bevorzugen Sie es knapper im Gesäß und dafür ...
PAUL   Nein-nein ...
1. VERKÄUFER   Ich schau mal rasch ins Lager ... Größe fünf?

Der erste Verkäufer verläßt den Raum.
Paul ruft hinterher.

PAUL   Sechs ...!

Er fängt Margarethes Blick auf und grüßt verlegen.
Margarethe hält eine Krawatte in der Hand.

MARGARETHE Hier wird man wenigstens freundlich bedient . . .

PAUL Sie können nicht sagen, daß ich Sie unfreundlich bedient
habe . . .

Er zieht seinen unkorrekt sitzenden Hemdkragen zurecht.
Der zweite Verkäufer, der noch in die Auswahl von Krawatten vertieft war, sieht
verblüfft von seiner Arbeit auf.

MARGARETHE Na, ich bitte Sie . . . !

2. VERKÄUFER . . . Unfreundlich bedient?

MARGARETHE Nein, wir sprachen gerade von . . .

PAUL Ich war vielleicht etwas unaufmerksam . . .

Der erste Verkäufer erscheint gleichzeitig mit weiteren Slips und legt sie auf den
Tisch. Er hat Pauls letzten Satz gehört.

1. VERKÄUFER Unaufmerksam? . . . Wenn ich runter ins Lager
gehe . . . ?

MARGARETHE Sie sind ja auch gar nicht gemeint!

Der zweite Verkäufer tritt mit mehreren Krawatten in der Hand dazu.

2. VERKÄUFER Ich hatte Ihnen nur gesagt, daß Streifen im Moment
nicht gefragt sind . . .

MARGARETHE Sie haben das mißverstanden . . .

2. VERKÄUFER Sie werden doch hier nicht schlecht bedient . . . !

1. VERKÄFUER Seit acht Jahren habe ich zufriedene Kundschaft . . . !

2. VERKÄUFER Wenn Sie mit meiner Bedienung nicht einverstanden
sind . . .

PAUL Ich habe mit der Dame gesprochen . . .

Ein dritter, eiliger Kunde hat den Laden betreten.

EILIGER KUNDE Haben Sie kurzärmlige Hausjacken mit Zopfmuster?

Durch die Anwesenheit des dritten Kunden erstirbt das unangenehme Gespräch und
macht einer verlegenen, lähmenden Stille Platz.

Der durch die eingetretene Stille irritierte dritte Kunde dreht sich um und sieht sich zu seinem Befremden wortlos angestarrt.
Er reagiert verwirrt.

EILIGER KUNDE   Is' irgendwas?

10   *Straße vor Herrenausstatter. Außen. Tag.*

Margarethe und Paul verlassen den Herrenausstatter und stehen verlegen vor der Ladentür. Ihr Gespräch wird durch vorübergehende Straßenpassanten behindert, denen sie ausweichen müssen. Die Passage ist an dieser Stelle durch eine Baustelle beengt. Es entsteht eine Choreographie des Ausweichens und Anrempelns.

PAUL   Was war es denn eigentlich, . . . womit . . . hätte ich Ihnen denn in meinem Geschäft . . . ?

MARGARETHE   Ich habe eine Sitzgruppe in meiner Praxis, die ich beziehen lassen wollte . . .

PAUL   Eine Sitzgruppe . . .

MARGARETHE   . . . Und über eine andere Sache hätte ich mich auch noch ganz gern informiert . . . aber wenn Sie so überlastet sind . . .

PAUL   Vielleicht können wir das jetzt bei einer Tasse Tee . . .

MARGARETHE   Nein, das paßt heute schlecht . . .

PAUL   Ach nee, ich habe ja auch meine Vereinssitzung . . . Und wenn ich morgen mit meinen Musterbüchern bei Ihnen vorbeikäme?

MARGARETHE   Na, schön . . . Ich geb Ihnen meine Karte . . . Na, wo hab ich sie denn wieder . . .

Sie wühlt in ihrer Tasche und übergibt ihm ihre Karte.

MARGARETHE   Vielleicht so gegen elf . . . ?

PAUL   Ja dann . . .

Sie gehen in entgegengesetzte Richtungen.

11   *Pauls Treppenhaus. Innen. Tag.*

Paul verläßt den Lift und versucht, eine Wohnungstür zu öffnen, die er irrtümlich für seine eigene hält. (Er ist gewohnt, sich bei Drehung des Schlüssels gegen die Tür zu werfen.) Gleichzeitig öffnet ein älterer Kleinbürger mit Zeitung in nachlässiger Freizeitkleidung, der an diesen Vorfall offensichtlich gewöhnt ist.

KLEINBÜRGER   Herr Winkelmann . . . !
PAUL   Entschuldigen Sie bitte . . .

Paul geht die Treppe hinunter und öffnet seine Wohnungstür in der beschriebenen Weise.

12 *Pauls Wohnung. Innen. Tag.*

Beim Eintreten in seine Wohnung, deren ganzes Mobiliar mit Preis- und Qualitäts-schildern versehen ist, setzt Paul seine Brille auf. Er legt die Zeitung und den Schlüssel auf eine Nußbaumkommode, dasselbe Modell, das man aus seinem Laden kennt, wischt kurz mit dem Staubtuch darüber und liest Margarethes Visitenkarte, die er in der Hand hält.

PAUL   Diplom-Psychologin . . .

Er macht einen Schritt ins Zimmer und liest noch einmal.

PAUL   Diplom . . . Diplompsychologin . . .

Er wirft die Visitenkarte auf die Kommode, öffnet ruckelnd die oberste Schublade und entnimmt ihr eine Plastiktüte mit Aktenmaterial.

13 *Praxisraum in Margarethes Wohnung. Innen. Abend.*

Margarethe Tietze sitzt mit Block und Bleistift auf einem gepolsterten Stuhl ihren fünf Gruppenmitgliedern gegenüber, die auf ähnlichen, aber nicht gleichen gepolsterten Stühlen Platz genommen haben.
Die Gruppe besteht aus zwei Herren und drei Damen.
Zunächst ist eine blonde, vollschlanke Dame mit Hochfrisur allein im Bild.

FRAU MENGELBERG   Männer sind ja wohl das Primitivste, Dümmste und Mieseste, was rumläuft . . .

MARGARETHE   Frau Mengelberg, Sie haben da ein Problem angesprochen . . . mögen Sie das noch etwas näher ausführen . . . ?

FRAU MENGELBERG   Näher ausführen . . . !

Totale auf Frau Mengelberg und die vier weiteren, in nachdenklicher Position verharrenden Gruppenmitglieder.

FRAU MENGELBERG   . . . In unserem Großraumbüro arbeiten zwei Damen und elf Herren . . . Jedesmal wenn ich von der Kunden-

registratur in die Einkaufsabteilung gehe, muß ich durch die Buchhaltung ... und da berührt mich Herr Wegner ... von hinten ... na, das ist doch wohl das Primitivste und Mies ...

MARGARETHE ... Wir haben Sie schon verstanden, Frau Mengelberg ...

FRAU MENGELBERG ... Ich weiß dann gar nicht, was ich sagen soll ...

MARGARETHE Frau Mengelberg, wir wollen den Vorfall, den Sie eben beschrieben haben ...

FRAU MENGELBERG ... und dann kriegt man als Frau auch noch 'ne dumme Antwort ...

... Am besten, man sagt gar nichts ...

MARGARETHE Also, Frau Mengelberg, wenn ich Sie richtig verstanden habe, fällt es Ihnen schwer, nach der beschriebenen Ungezogenheit Herrn Wegner gegenüber das auszudrücken, was Sie empfinden ...

FRAU MENGELBERG ... In meinen Augen ist das der mieseste und primitivste ...

MARGARETHE Ich schlage vor, wir spielen den Vorfall jetzt hier bei uns

in der Gruppe, und Sie sagen einmal ganz angstfrei, was Sie Herrn ... äh ... Wegner gegenüber immer gern losgeworden wären ...
Herr Dr. Giesebrecht, möchten Sie die Rolle von diesem Herrn ... Wegner übernehmen?
... Sie haben also grade Frau Mengelberg von hinten berührt ...

Dr. Giesebrecht, der offensichtlich nicht zugehört hat, sieht verständnislos in die Runde.

DR. GIESEBRECHT Was ... ?!
MARGARETHE ... So, Frau Mengelberg, was möchten Sie Herrn Wegner sagen ...

Frau Mengelberg guckt verlegen.

FRAU MENGELBERG Ja ... ähm ... also ... Daß Sie das nicht noch mal machen ...!
DR. GIESEBRECHT ... Ich habe Frau Mengelberg noch nie berührt ...

MARGARETHE	Herr Dr. Giesebrecht, Sie sind jetzt Herr Wegner und haben Frau Mengelberg einen Klaps gegeben . . .
DR. GIESEBRECHT	Ach so . . . ! . . . na ja . . . die will das ja nicht anders . . .

Die folgenden Äußerungen überschneiden sich.

FRAU MENGELBERG	Herr Dr. Giesebrecht, Sie sind ja wohl das Primitivste, Mieseste und Dümmste, was hier so rumsitzt . . . !
MARGARETHE	Herr Wegner! . . . Frau Mengelberg, Sie sprechen jetzt mit Herrn Wegner! Nicht mit Herrn Dr. Giesebrecht!
DR. GIESEBRECHT	Sie kriegen gleich eins hinten drauf, Frau Mengelberg . . .
FRAU MENGELBERG	Herr Dr. Giesebrecht . . .
DR. GIESEBRECHT	Hinten drauf . . .
FRAU MENGELBERG	Herr Dr. Giesebrecht . . .
MARGARETHE	Frau Mengelberg . . .
DR. GIESEBRECHT	Hinten drauf kriegen Sie eins, Frau Mengelberg . . .
MARGARETHE	Herr Dr. Giesebrecht . . .
FRAU MENGELBERG	Sie sind ja wohl das Dümmste, was hier so rumsitzt . . .
MARGARETHE	Frau Mengelberg . . .
DR. GIESEBRECHT	Immer hinten drauf, immer hinten drauf . . .
FRAU MENGELBERG	. . . Das Primitivste . . .
MARGARETHE	Frau Mengelberg . . .
DR. GIESEBRECHT	Immer hinten drauf . . .
MARGARETHE	Frau Mengelberg, die Würde der Frau . . . sollte mehr durch . . .
FRAU MENGELBERG	. . . Mieseste, was hier so . . .
DR. GIESEBRECHT	Immer hinten drauf . . .

14   *Restaurant. Außen. Abend.*

Paul geht zügigen Schrittes auf ein Restaurant zu, öffnet die Tür und tritt ein.

15 *Restaurant. Innen. Abend.*

*Paul durchquert die Gaststube und hängt seinen Mantel mit gutgelauntem Schwung
an den Garderobenständer. Dabei büßt das Hütchen einer danebensitzenden Dame
seinen korrekten Sitz ein.*

    PAUL   Oh, entschuldigen Sie . . .

*Er schickt sich an, das Mißgeschick eigenhändig zu beheben, zögert dann aber und
setzt seinen Weg fort.
Der Ober läßt ihn ins Vereinszimmer vorausgehen.*

    OBER   Guten Abend, Herr Winkelmann . . .

16 *Hinterzimmer des Restaurants. Innen. Abend.*

*Paul betritt das Vereinszimmer, in dem sich sechs Mitglieder aufhalten, darunter ein
weißhaariger älterer Herr, der sich während der ganzen Sitzung immer wieder mit
erhobenem Finger zu Wort meldet, aber von niemandem beachtet wird und auch nichts
zu trinken bekommt.
Stimmengewirr, Begrüßung.
Paul legt Block und Kugelschreiber sowie Aktenmaterial vor sich hin.*

OBER	Darf ich mal die Bestellung aufnehmen . . .
KEMPE	Ein Bier . . .
OBER	Also, wieviel Bier?
DR. SCHNOOR	Ein Pils . . .
OBER	Zwei Bier . . .
MÜLLER	Ein Cola . . .
MEIER-GRABENHORST	Mir bitte einen Hagebuttentee . . .
PAUL	Einen normalen Tee . . .
OBER	Mit Milch oder Zitrone?
PAUL	Milch

Der Ober wendet sich zum Gehen.

27

FRAU WESTPHAL Entschuldigen Sie . . . für mich ein Viertel trockenen Roten . . .

OBER Einen trockenen Roten . . .

Der Ober wendet sich wieder zum Gehen.

PAUL Ach, und eine Schlemmerschnitte . . .

OBER *(im Gehen)* Eine Schlemmer . . .

MÜLLER Herr Winkelmann, Sie haben heute den Vorsitz!

PAUL Ach was?

MÜLLER Ja . . .

Paul holt seine Brille aus der Brusttasche.

PAUL Ach so . . . ja . . . dann . . . stelle ich fest, daß wir vollzählig sind . . . die Herren Politiker und Frau Westphal . . .

DR. SCHNOOR Das könnte ich doch schon mal . . . ?

PAUL Ja, das sollten Sie . . . äh . . . festhalten . . .

Er setzt seine Brille auf.

PAUL In unseren letzten Vereinssitzungen haben wir Vereinsanliegen und Vereinszielsetzung unseres Vereins umrissen, uns aber noch nicht auf . . . äh . . . einen Vereinsnamen einigen können, der unsere Vereinsinhalte klar zum Ausdruck bringt . . . Ich glaube, Herr Kempe hatte da . . .

KEMPE Ja . . . unser Verein will ja die Begriffe ›Frau‹ und ›Umwelt‹ in den Karnevalsgedanken einbringen . . .
Ich meine, dieses Ziel sollte ganz klar im Vereinsnamen einge . . . einbezogen . . .

OBER Also zwei Bier, drei Tee, eine Schlemmer . . .

FRAU WESTPHAL Und ein Viertel trockenen Rotwein . . .

MÜLLER Ein Cola . . .

OBER Zwei Bier, ein Cola, ein Wein, eine Schlemmer, drei Tee . . .

PAUL Zwei Tee!

MEIER-GRABENHORST Ein Hagebutten, ein Normal . . .

OBER Zwei Bier, drei Cola . . .

MÜLLER Ein Cola!

OBER Äh . . . ein Cola, zwei Bier, ein Wein, eine Schlemmer, ein Hagebutten, ein Normal . . .

DR. SCHNOOR	Ein Pils!
KEMPE	Ein kleines...

Der Ober wendet sich zum Gehen.

OBER	Ein Pils, zwei Bier, ein kleines...

Dr. Schnoor ruft dem Ober nach.

DR. SCHNOOR	Nur zwei... zwei insgesamt!
PAUL	Herr... äh... Kempe, Sie wollten uns gerade...
KEMPE	Ja... ich hätte da hinsichtlich der Reihenfolge der Begriffe... der Integration der Begriffe in die Reihenfolge...
DR. SCHNOOR	Bitte, merken Sie sich doch, was Sie sagen wollten, Herr Kempe... Wir sollten ja wohl davon ausgehen, daß der Karnevalsgedanke Vorrang hat, weil ja die Begriffe ›Frau‹ und ›Umwelt‹ in den Karnevalsgedanken einzubringen sind...!
MÜLLER	...Herr Dr. Schnoor, vielleicht haben Sie mal darüber

	nachgedacht, daß der Begriff ›Frau‹ auch Raum für ›Karneval‹ und ›Umwelt‹ bietet . . .
DR. SCHNOOR	Herr Müller . . .
MÜLLER	Moment!
PAUL	. . . Also, ›Verein für Karneval trotz Frau und Umwelt‹ . . .
MÜLLER	Eben nicht!
PAUL	Ach so . . .
DR. SCHNOOR	Ich nehme das schon mal auf . . .
PAUL	Nein-nein . . .
MÜLLER	Wie wäre es mit ›Karneval im Gedenken an Frau und Umwelt‹ . . .

Der Ober serviert.

FRAU WESTPHAL	Also, dazu muß ich . . .
MÜLLER	Wir sind uns wohl darüber einig, daß wir mit den Begriffen ›Frau‹, ›Umwelt‹ und ›Karneval‹ drei ganz heiße Eisen angefaßt haben . . .
MEIER-GRABENHORST	Herr Müller . . .
MÜLLER	Ganz heiße Eisen . . .
MEIER-GRABENHORST	Herr Müller . . . der Karneval . . .

Frau Westphal hebt die Hand.

MÜLLER	Ganz heiße Eisen . . .
PAUL	Frau Westphal möchte was sagen . . .
FRAU WESTPHAL	Also, hier wird doch wieder . . .
MÜLLER	. . . Ganz heiße Eisen!
FRAU WESTPHAL	Hier wird ja wieder total vergessen, daß die Frau ein paar ältere Rechte hat als die Umwelt! Das muß im Vereinsnamen klar zum Ausdruck kommen! . . . Herr Winkelmann!

Paul ist dabei, sich ein halbes Ei in den Mund zu schieben, er hält erschrocken inne.

PAUL	Bitte?
FRAU WESTPHAL	Wofür habe ich denn achtzehn Jahre lang gekämpft?!
KEMPE	Na schön, na schön . . .
MEIER-GRABENHORST	*(gleichzeitig)* Ach, du lieber Gott . . .!
MÜLLER	Dann formulieren Sie das mal . . .

FRAU WESTPHAL	Ich würde sagen . . . »Verein zur Integration der Begriffe ›Karneval‹ und ›Umwelt‹ in die Frau . . .«, das prägt sich auch ein!

Meier-Grabenhorst fischt etwas aus seinem Bier.

MÜLLER	. . . Und wo bleibt der Gedanke?
PAUL	Welcher Gedanke?
MEIER-GRABENHORST	Sehr richtig!
KEMPE	Der Begriff ›Karneval‹ beinhaltet ja den Gedanken an den Begriff ›Karneval‹ . . . Ich weiß nicht, ob ich mich da deutlich genug . . .
DR. SCHNOOR	. . . Soll ich das vielleicht schon mal bis hierhin festhalten?
PAUL	*(kauend)* . . . Ich glaube, daß wir heute noch nichts entscheiden sollten . . .
MÜLLER	Was haben wir denn bis jetzt im Protokoll?
DR. SCHNOOR	»Die Vereinsmitglieder sind vollzählig erschienen . . .«

17   *Tanzschule. Innen. Abend.*

Margarethe nimmt mit gewisser Berechtigung an, es fehle ihr das für eine Psychotherapeutin erforderliche sichere Auftreten. Um diesem Mangel ein für allemal abzuhelfen, hat sie sich vorgenommen, mit einer Amateurtanzgruppe unter der Leitung von Rudi Romanowski, einem ehemaligen Entertainer, bei einem Betriebsfest zu tanzen und zu singen.
In einem zum Studio umfunktionierten Lagerhaus ist Rudi mit sechs Tänzerinnen bei der Probe und klatscht den Takt.

RUDI	Und gleich nochmal, weil's so schön war . . . Fünf, sechs, sieben, acht . . .

Margarethe reißt die Tür auf und tritt ein.
Rudi hat Margarethe bemerkt und bricht ab.

RUDI	Danke . . . Na, das war ja schon Hausfrauensonderklasse . . .

Die Tänzerinnen verlassen den Raum.
Margarethe zieht – ebenso verärgert wie temperamentvoll – ihren Mantel aus und
wirft ihn über eine Stuhllehne. Der Stuhl fällt mit Mantel hintenüber.

  RUDI Was sind wir heute guter Laune!

Margarethe hebt Mantel und Stuhl mit bedrohlicher Ruhe auf.

 MARGARETHE Herr Romanowski . . .

Rudi entfernt sich mit pantomimischer Übertreibung auf Zehenspitzen und legt eine
Musikkassette ein.

  RUDI Wäre es der Frau Doktor angenehm, wenn wir jetzt mit
      der Arbeit begönnen?

Margarethe rollt sich die Wollstrümpfe zurecht.

 MARGARETHE Die Frau Doktor wird gleich sehr ungemütlich . . .
  RUDI Dann gibt's was hinten drauf!

Margarethe geht auf Rudi zu.

 MARGARETHE Nicht hinten drauf!

18 *Pauls Treppenhaus. Innen. Nacht.*

Paul Winkelmann verläßt den Lift.
Er will den Schlüssel in das Schloß seiner Wohnungstür stecken, stoppt jedoch,
vergewissert sich am Namensschild, steckt dann den Schlüssel ins Schloß, wirft sich
gegen die Tür und tritt ein.

19 *Tanzschule. Innen. Abend.*

Rudi hat Musik in Gang gesetzt und probt mit Margarethe Tanzschritte.

20 *Pauls Wohnung. Innen. Nacht.*

Paul Winkelmann trägt einen Schlafanzug, fährt sein Patentbett aus und legt sich hinein. Durch heftiges Räkeln fällt auf dem Nachttisch das Bild der Mamma um. Er richtet das Bild wieder auf, löscht das Licht, läßt sich in die Kissen fallen und schläft ein.

21 *Traumsequenz.*

Mit sehnsüchtig ausgestreckten Armen schweben Mutter und Sohn aufeinander zu. Pauls Hände nähern sich, von dramatischer Musik begleitet, ergreifen Mammas Hut an der Krempe und ziehen ihn der geliebten Mutter bis ans Kinn über die Ohren.

22   *Pauls Wohnung. Innen. Nacht.*

Paul wacht schweißgebadet auf, macht das Licht an, greift zum Telefon und wählt die Nummer seiner Mutter.

MUTTER WINKELMANN	*(aus dem Telefon)* . . . Winkelmann . . .
PAUL	Mamma . . . ? . . . schläfst du schon?
MUTTER WINKELMANN	Ja.
PAUL	Ach so . . .
MUTTER WINKELMANN	Was ist denn?
PAUL	. . . ich wollte nur . . .
MUTTER WINKELMANN	. . . Schlaf schön, mein Pussi . . .
PAUL	Gute Nacht . . .
MUTTER WINKELMANN	Gute Nacht . . .

Er legt den Hörer auf und starrt vor sich hin.

23   *Pauls Laden. Innen. Tag.*

Frl. Hagebusch ist mit dem Aufwickeln von Bändern beschäftigt. Paul legt ein großes rotes Stoffstück zusammen.
Ein Kunde sieht zu.

        PAUL   ... So ... das sind jetzt 1 Komma 8 Meter, à 2 Mark 50 ... äh ... 250 Meter à eins-achtzig ... äh ... Mark ... äh ... Meter ...
        KUNDE   250 Meter?
        PAUL   Ja! ... Nein! ... Das ist nicht korrekt ... äh ... ich seh mal nach ...

Er sieht nach der Uhr und wendet sich an Frl. Hagebusch.

        PAUL   ... äh ... Fräulein ... na ... äh ...
    FRL. HAGEBUSCH   Hagebusch ...

PAUL	. . . Wo sind die Preislisten für australischen Baumwoll-köper?
FRL. HAGEBUSCH	Da bin ich im Moment überfragt . . .
PAUL	. . . Sie sind jetzt elf Jahre in meinem Geschäft und wis-sen nicht, wo die Preislisten liegen! . . . Bitte, überneh-men Sie diesen Herrn, ich habe einen Termin . . .
FRL. HAGEBUSCH	Wie Sie wünschen, Herr . . . äh . . . Winkelmann!

24 *Treppenhaus Margarethe. Innen. Tag.*

Vater Tietze (83) geht mit einer großen Tüte Biomüll im Arm die Treppe hinunter.
Er begegnet Paul, der sich mit vielen Musterbüchern abschleppt. Paul grüßt mit
einem Kopfnicken und sieht Vater Tietze hinterher.
Dann erreicht er die Wohnungstür von Margarethe Tietze, liest das Namensschild,
klingelt und rückt seine Krawatte zurecht.
Margarethe öffnet die Tür.

MARGARETHE	Na, pünktlich sind Sie ja . . .
PAUL	Tja . . .

25 *Flur und Praxis Margarethe. Innen. Tag.*

Paul tritt ein.

PAUL	Sie wohnen hier gar nicht weit von Merkel . . . Dieter Merkel . . .

Er geht innerhalb der Wohnung in die falsche Richtung.

MARGARETHE	. . . Wir gehen am besten gleich in die Praxis . . .
PAUL	Ja . . .

Margarethe betritt den Praxisraum, Paul folgt ihr zögernd.
Margarethe zeigt auf die aus der Gruppensitzung bekannten fünf Polsterstühle.

MARGARETHE Das wäre hier die Sitzgruppe . . .
PAUL Sitzgruppe . . .

Er legt Musterbücher und Mantel auf einem der Stühle ab.

PAUL . . . entschuldigen Sie, Frau Tietze, eine Sitzgruppe ist
eine Polstergarnitur bestehend aus Polstersofa und Pol-
stersesseln . . . Was Sie hier haben, sind fünf Stühle . . .
mit gepolsterter Sitzfläche . . .
MARGARETHE Ach?
PAUL . . . An was für Bezüge hätten Sie denn gedacht?
MARGARETHE Ich war mit den alten sehr zufrieden . . .

Paul setzt seine Brille auf.
Er schiebt zwei Finger in eine Schadstelle und prüft die Qualität des Bezuges.

PAUL Das ist eine ganz, ganz minderwertige Qualität . . . Ich
meine, ich kann Ihnen das natürlich bestellen . . . aber da
werden Sie keine Freude dran haben . . .
MARGARETHE Dann machen Sie doch einen Vorschlag . . .
PAUL Wir richten uns ganz nach Ihren Wünschen . . .

Er nimmt die Brille ab.

26 *Wohnzimmer Margarethe. Innen. Tag.*

Margarethe kommt mit einer Teekanne in der Hand herein.

MARGARETHE Wissen Sie eigentlich, daß Sie eine große Verantwortung
tragen, wenn Sie eine Farbe empfehlen . . .?
PAUL Bitte?

*Paul sitzt auf dem Sofa. Vor ihm stehen zwei Teetassen, Milchkännchen und
Zuckertopf. Margarethe nimmt auf einem Sessel Platz und gießt Tee ein.*

MARGARETHE Ich meine, daß beispielsweise eine alleinstehende Frau,
die zu Depressionen neigt, sich möglicherweise in einer
violetten Sitzgruppe umbringt?

PAUL Auch wenn sie geblümt ist? . . . Ich meine die Sitzgruppe . . .

MARGARETHE Ich berate auch Ehepaare, die gewisse zwischenmensch-
liche Schwierigkeiten haben . . . und ich bin sicher, daß
man oft durch neue Möbelstoffe und Farben das Zusam-
menleben zweier Menschen viel harmonischer gestalten
könnte . . .

PAUL . . . Ach, Frau Kekse, Frau . . . Frau Tietze, Sie haben
nicht ein paar Kekse oder so was im Haus . . . ?

MARGARETHE *(nachdenkend)* Kekse . . .

Paul winkt ab.

PAUL Is' nich' so wichtig . . .

MARGARETHE . . . Ich will morgen ein Ehepaar besuchen und es in
diesem Punkt beraten . . .

PAUL . . . Die Firma Winkelmann ist seit dreiundsechzig Jahren . . .

MARGARETHE . . . Ich möchte die Beratung dieser beiden Menschen
nun eben nicht einer Dekorationsfirma überlassen. Ich
möchte da nach modernen psychologischen Erkenntnis-
sen vorgehen . . .

PAUL Ich verstehe, was Sie . . .

MARGARETHE . . . Nur fehlen mir da eben die Fachkenntnisse der Tex-
tilbranche . . .

PAUL . . . In diesem Herbst ist Schwarz sehr gefragt . . .

*Paul greift nach einem neben ihm auf dem Sofa liegenden Musterbuch und blättert
beflissen in den Stoffmustern.*

MARGARETHE . . . Ich wäre Ihnen dankbar, wenn Sie auf solche Vor-
schläge verzichten würden und mir dafür lieber Ihre
Musterbücher überlassen . . .

*Paul blickt von den Stoffmustern auf, denkt nach und glaubt nun eine gute Idee zu
haben.*

PAUL Die Firma Winkelmann macht Ihnen ein Angebot:
. . . Wir besuchen zusammen die Kundschaft, Sie führen
die Verhandlung, die Firma Winkelmann liefert das Be-
zugsmaterial, und Sie kriegen zehn Prozent . . .

Er wirft sich in weltmännischer Haltung zurück, schlägt ein Bein über und sieht Margarethe triumphierend an.

MARGARETHE   . . . Sie haben mich schon wieder mißverstanden . . .

27   *Treppenhaus Margarethe. Innen. Tag.*

Die Wohnungstür wird geöffnet. Paul und Margarethe treten heraus. Margarethes Mutter erklimmt die letzten Stufen.

PAUL   . . . Ich könnte Sie ja anrufen . . .
MARGARETHE   Nein, ich rufe Sie an . . .

Paul stößt fast mit Mutter Tietze zusammen.

PAUL   O Entschuldigung . . .

Mutter Tietze sieht Paul hinterher.

MARGARETHE   Ach Mutti, das paßt mir jetzt überhaupt nicht . . .

Mutter Tietze tritt in die Wohnung.

28   *Flur in Wohnung Margarethe. Innen. Tag.*

MUTTER TIETZE   Und wann paßt es dir mal?

Margarethe zieht ihren Mantel an und sucht nach ihrer Tasche.

MARGARETHE   Wenn ich nicht sofort losrenne, komme ich überall zu spät . . .
MUTTER TIETZE   War das einer von deinen Bekloppten?

Margarethe kommt mit ihrer Tasche.

    MARGARETHE   Meine ›Bekloppten‹ sind nicht bekloppter als du und ich...

Sie schiebt ihre Mutter ungeduldig aus der Tür.

29   *Treppenhaus Margarethe. Innen. Tag.*

Mutter und Tochter treten aus der Wohnungstür, Margarethe schließt ab, beide gehen die Treppe hinunter.

    MUTTER TIETZE   Herr Brösecke hat mich neulich gefragt, was du eigentlich machst... Ich weiß dann immer gar nicht, was ich sagen soll... Diplom-Psychologin... Gott im Himmel!... Dein Vater...

    MARGARETHE   ... Ja, ich weiß, mein Vater war höherer Verwaltungsbeamter...

30   *Straße vor Haus Margarethe. Außen. Tag.*

Vater Tietze ist dabei, neben den überfüllten Mülleimern Abfälle nach ihrer verschiedenen Herkunft mit seinem Stock zu ordnen.
Margarethe und ihre Mutter treten aus der Haustür.

MARGARETHE   Vati! Ihr habt doch bei euch auch Mülleimer!
VATER TIETZE   Alles durcheinander!

Er zeigt empört auf den ihm zu Füßen liegenden Müll.

MUTTER TIETZE   Es ist vollkommen sinnlos ... er macht ja doch, was er will ...
MARGARETHE   Da kommen Schröders!
MUTTER TIETZE   Auch das noch!

Margarethe und ihre Mutter versuchen, Vater Tietze zu verdecken.
Inzwischen ist das Ehepaar herangekommen.

SCHRÖDER   Guten Tag, Frau Tietze ...
MARGARETHE   ... Guten Tag, Frau Schröder ...

FRAU SCHRÖDER	Guten Tag, Frau Tietze ...
MARGARETHE	Das ist meine Mutter ... Herr und Frau Schröder ...
MUTTER TIETZE	Guten Tag ...

Hinter Mutter Tietze und Margarethe wendet sich Vater Tietze an Schröders.

VATER TIETZE	... Alles durcheinander ...
MARGARETHE	... Das ist mein Vater ... Herr und Frau Schröder ...
VATER TIETZE	Knochen, Plastik, Speisereste, Flaschen, Papier ... alles durcheinander ...
MARGARETHE	Mein Vater hat seinerzeit die städtische Müllbeseitigung organisiert ...
MUTTER TIETZE	... als Verwaltungsdirektor ...
SCHRÖDER	Ja, dann noch 'n schönen Tag ...
FRAU SCHRÖDER	Auf Wiedersehen ...
MUTTER TIETZE	Auf Wiedersehen ...
MARGARETHE	Auf Wiedersehen ...

Schröders entfernen sich.
Vater Tietze im Gehen zwischen Frau und Tochter.

VATER TIETZE	Sehr nette Leute ...

31 *Pauls Laden. Innen. Tag.*

Paul ist beim Aufrollen von Stoffballen, während er die Fragen eines Kunden beantwortet.

    PAUL Das ist alles reine Wolle, mein Herr ...
    KUNDE ... Und das hier ...?
    PAUL Das ist gestreift ...
    KUNDE Ach, das ist gestreift?

Die Ladentür klingelt. Mutter Winkelmann und zwei gleichaltrige Freundinnen betreten den Laden.
Sie sprechen, während Paul weiter bedient.

 MUTTER WINKELMANN Nein, nein, wenn wir erst nach dem Essen anfangen, wird es zu spät ...
 FRL. HAGEBUSCH Tag, Frau Winkelmann ...

Sie durchquert hinter den Damen den Laden.

  PAUL Dieser hier liegt eins-sechzig breit ... da kommen Sie mit dreieinhalb Metern aus ...

Frau Grothe sieht sich abschätzig im Laden um.

  FRAU GROTHE Mein Gott, was hier alles so rumsteht ...

Im Hintergrund will sich ein Herr aus einem modernen Armlehnsessel erheben. Er bleibt darin stecken und macht mit dem Sessel in gebückter Haltung einige Schritte.

  KUNDE ... Dreieinhalb Meter ...
  PAUL ... Ich schreibe Ihnen das auf ...

Paul schreibt.
Die Damen treten zu Paul und dem Kunden an den Ladentisch.

MUTTER WINKELMANN Paul ...
  PAUL Gleich, Mamma ...

Paul schreibt weiter. Der Kunde verfolgt wider Willen das peinliche Gespräch.

TANTE MECHTHILD	'n bißchen blaß sieht er aus ...
MUTTER WINKELMANN	Er müßte mehr an die frische Luft!

Der Kunde sieht verlegen in die Runde.

FRAU GROTHE	Dafür ist er ein bißchen voller geworden ...
PAUL	... Also, dreieinhalb Meter englische Schurwolle à 182, ... das sind insgesamt ... 637 D-Mark ...
MUTTER WINKELMANN	Sag mal, Pussi, wieviel wiegst du jetzt eigentlich ...?
KUNDE	Danke sehr ... Meine Frau ruft Sie dann an!

Der Kunde geht. Paul rollt Stoffe zusammen.

PAUL	Mamma, ich hatte dich so gebeten ... wenn ich bediene ...
MUTTER WINKELMANN	Ja, ja!
FRAU GROTHE	... Wir wollen Sie ja nur erinnern ...
PAUL	Ich weiß, wir haben heute unseren Spiel-Abend ...

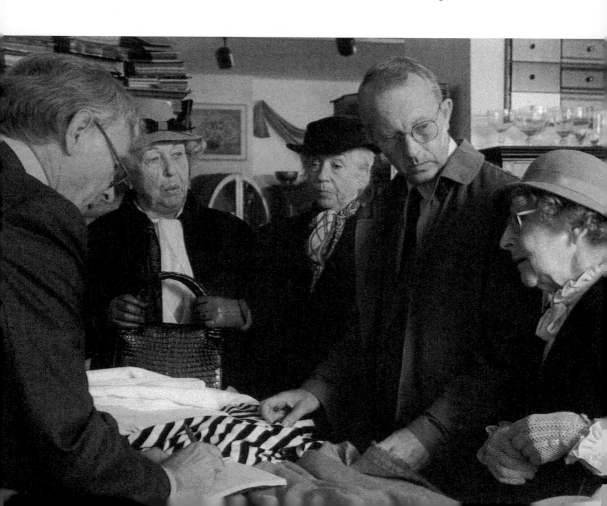

TANTE MECHTHILD   Denkst du dran?

Mutter Winkelmann fährt Paul mit ihrem Taschentuch an den Mundwinkel.

MUTTER WINKELMANN   Du hast da was . . .

Paul entzieht sich mit einer unwilligen Kopfbewegung der mütterlichen Fürsorge.

PAUL   . . . Und sag nicht immer Pussi zu mir . . .

32   *Haus Mutter Winkelmann. Innen. Abend.*

Kamerazufahrt durch den Flur auf das Wohnzimmer.

FRAU GROTHE   E . . . R, Er. Zwei Punkte.
MUTTER WINKELMANN   Na, viel ist das ja nicht.
FRAU GROTHE   Mir reicht's.

Im Wohnzimmer sind Mutter Winkelmann, Tante Mechthild, Frau Grothe und Paul beim Scrabble-Spiel. Auf dem Tisch stehen Teller mit Schnittchen. Pauls Kragen sitzt unkorrekt.

MUTTER WINKELMANN   Mechthild, du bist dran . . .

Tante Mechthild hebt den Zeigefinger.

TANTE MECHTHILD   . . . Mo . . . ment . . . Mo . . . ment . . .

Sie ergänzt das bereits liegende Wort ›Hund‹ durch das Wort ›Nase‹, so daß das Wort ›Hundnase‹ entsteht. Sie sieht sich triumphierend um.

FRAU GROTHE   Hundnase . . . Was soll denn das sein?
TANTE MECHTHILD   Was das sein soll?
MUTTER WINKELMANN   Das ist doch kein Wort!
TANTE MECHTHILD   Hundenase ist doch ein Wort!
PAUL   Hundeeenase, Tante Mechthild, es heißt Hundeeenase!

TANTE MECHTHILD	Sag ich doch.
FRAU GROTHE	Da fehlt das ›E‹ . . .
MUTTER WINKELMANN	Hundenase wird mit ›E‹ geschrieben . . .
TANTE MECHTHILD	Ich hab nur ein ›E‹ . . .
FRAU GROTHE	Dann können Sie das eben nicht legen . . .

Tante Mechthild hat sich ein Schnittchen genommen.

TANTE MECHTHILD	Aber es ist ein gebräuchliches Wort . . .
PAUL	Tante Mechthild, du legst jetzt was anderes!
MUTTER WINKELMANN	›Hundnase‹ hab ich nie gehört . . .
TANTE MECHTHILD	Bitte sehr . . . bitte sehr . . .

Sie legt neue Buchstaben. Es entsteht das Wort ›Schwanzhund‹.

FRAU GROTHE	Schwanzhund . . . ?
TANTE MECHTHILD	Ja! Das sind siebenundfünfzig Punkte!
FRAU GROTHE	. . . Vielleicht erklären Sie uns, was ein Schwanzhund ist?
TANTE MECHTHILD	Was muß man denn da erklären?
FRAU GROTHE	Also ich kenne das Wort n i c h t . . .
TANTE MECHTHILD	Ein Schwanzhund ist ein Hund mit einem Schwanz!
MUTTER WINKELMANN	Ach nee, Mechthild . . .

PAUL	Jeder Hund hat einen Schwanz...
FRAU GROTHE	Sie müssen sich schon ein bißchen an die Regeln halten...
PAUL	...Es heißt ja auch nicht Schwanzkuh...
MUTTER WINKELMANN	Immer legt sie solche Worte...
TANTE MECHTHILD	Aber es gibt Hunde ohne Schwanz...
MUTTER WINKELMANN	In meinem Hause nicht!
PAUL	Mamma hat recht!

Mutter Winkelmann ordnet Pauls Kragen.

TANTE MECHTHILD	Ihr habt einfach einen zu kleinen Wortschatz...
MUTTER WINKELMANN	Also, Mechthild...
TANTE MECHTHILD	Ja...ja...ja...
FRAU GROTHE	Dann hätte ich vorhin auch meine ›Quallenknödel‹ legen können!
PAUL	...Wenn man sich nicht an die Spielregeln hält, macht es keinen Spaß...

TANTE MECHTHILD Bin ich hier in der Schule oder was?
PAUL Du kannst mich ja rufen, wenn die Damen sich geeinigt haben!

Paul steht auf, schließt sein Jackett und geht auf die Tür zu.

MUTTER WINKELMANN Paul . . .

Paul bleibt stehen und dreht sich um.

PAUL Ja . . .
MUTTER WINKELMANN Gehst du in dein Zimmer?
PAUL Ja, Mamma . . .

Er geht über den Flur in Richtung auf die Treppe in das obere Stockwerk.

FRAU GROTHE Was hat er denn?
MUTTER WINKELMANN Ach, der hat nichts . . .

Paul stolpert über die unteren Treppenstufen.
Mutter Winkelmann zieht mit einem kräftigen Ruck die Vorhänge eines Fensters zu. Tante Mechthild nimmt eine Delikateßgurke von Pauls Teller und führt sie zum Mund.

MUTTER WINKELMANN Das ist Pauls Gurke!

Tante Mechthild legt beleidigt die Gurke zurück.

33 *Pauls Kinderzimmer. Innen. Abend.*

Paul betritt sein Kinderzimmer, in dem seit seiner Kindheit und Jugend nichts verändert worden ist. Er streicht mit der Hand über das Bettgestell und setzt sich auf einen Stuhl. Dann nimmt er seinen Teddybären auf den Schoß und betrachtet ihn versonnen. Der Teddy gibt einen Brummton von sich.

34   *Laube. Außen. Tag.*

Margarethe geht durch eine Laubenkolonie. Sie trifft auf Paul, der an der Garten-
pforte des Rentnerpaares Melzer wartet. Im Arm hält er einen Stapel Muster-
bücher.

MARGARETHE   Haben Sie lange gewartet . . . ?
PAUL   Ach, ich bewege mich ganz gern mal an frischer Luft . . .
MARGARETHE   Tja, dann gehen wir mal . . .

Margarethe öffnet die Gartenpforte, Paul tritt hinter ihr ein und schließt die Pforte
mit dem Fuß.

MARGARETHE   Also, damit wir uns nicht mißverstehen . . . Wichtig ist
nur, daß dieses Ehepaar Melzer in Zukunft zufriedener
lebt . . .
PAUL   Ich weiß . . .

Er folgt Margarethe, wobei er sich breitbeinig bemüht, nur auf die weit auseinander-
liegenden Platten des Gartenweges zu treten.

35   *Laube. Innen. Tag.*

In einer düsteren, grauen Atmosphäre sitzt das Ehepaar Melzer (55) nebeneinander
auf einem grauen Sofa. Sie sind beide blaß, grauhaarig und grau gekleidet. Marga-
rethe trägt eine grüne Bluse und versucht, frisch und überzeugend zu wirken.

MARGARETHE   Sie haben einen wunderschönen Garten, Frau Melzer . . .
FRAU MELZER   *(düster)* . . . Ja, er macht viel Arbeit . . .
MARGARETHE   *(unbeirrt)* Blumen . . . ein Blumenstrauß kann ein ganzes
Zimmer verändern . . .

Paul setzt seine Brille auf.

MELZER   Wir haben mehr Gemüse . . .

MARGARETHE *(zögernd)* ... Gemüse ... Gemüse hat so was ... Frisches ...

Paul blickt von einem Musterbuch auf, in dem er blättert, und sieht zwischen Margarethe und dem Ehepaar hin und her.

FRAU MELZER Bitte?
MARGARETHE Und ... eine frische Farbe ist wie ein neuer Anfang ... wir sprachen schon darüber ... und wir wollten ja den Versuch machen ... durch andere Farben im Wohnbereich ... äh ... andere ... Probleme in den Griff zu kriegen ...
PAUL Wann haben Sie dieses Sofa denn zum letztenmal beziehen lassen ... ?
MELZER Jaaa, so dreiundzwanzig Jahre dürfte es wohl her sein ...
FRAU MELZER Neunzehn ... genau neunzehn ...

MARGARETHE   Na, das wäre doch schon eine Möglichkeit . . . ein fri-
sches Gelb . . . ein Apfelgrün . . .
FRAU MELZER   Wir waren mit Grau eigentlich sehr zufrieden . . .
MARGARETHE   Frau Melzer . . .

*Pauls Augen leuchten auf, er unterbricht Margarethe mit einer Handbewegung, die
zeigt, daß er mit ihr einig ist und weiß, worum es nun geht.*

PAUL   Zufrieden ! . . . Ich habe hier eine Grau-Kollektion von
einer belgischen Firma . . .
MARGARETHE   Herr Winkelmann . . .

Das Ehepaar Melzer sieht mißtrauisch von einem zum anderen.

PAUL   . . . Ich weiß schon . . . da haben Sie achtundzwanzig
Grautöne in jeder Qualität . . . da werden Sie bestimmt
zufrieden sein . . .

Paul blättert die Muster auf.

PAUL   Mausgrau . . . Staubgrau . . . Aschgrau . . .
MARGARETHE   Herr Winkelmann . . .
PAUL   . . . Steingrau . . . Bleigrau . . . Zementgrau . . .
MARGARETHE   . . . Herr und Frau Melzer wollen ja wohl was Fri-
sches . . . so mehr ins Gelbe oder Grüne . . .
PAUL   . . . Hatte ich auch gedacht, aber damit waren die Herr-
schaften eben nicht zufrieden . . .

Im Gesichtsausdruck der Eheleute Melzer liegt zunehmende Ratlosigkeit.
Paul ist dabei, Stoffecken abzuschneiden, die er auf der Sofalehne auslegt.

PAUL   . . . Ich leg Ihnen das mal hier hin . . . dann können Sie es
besser beurteilen . . .

Melzers nehmen von den Mustern wenig Notiz.

MARGARETHE   Entschuldigen Sie, Herr Melzer, ich hätte mich mit
Herrn Winkelmann ganz gern für einen Moment zurück-
gezogen . . .

Margarethe steht auf.

Paul macht keine Anstalten sie zu begleiten.

PAUL . . . Ich glaube . . .

MARGARETHE *(in falscher Freundlichkeit)* Wollen Sie mich jetzt bitte begleiten!

Paul sieht ratlos von Margarethe zu den Melzers und verläßt widerwillig mit Margarethe den Wohnraum.

36 *Laube. Außen. Tag.*

Margarethe und Paul treten aus der Laube und führen ein ebenso nachdrückliches wie halblautes Gespräch. Sie bemerken nicht, daß sie in ein frisches Gemüsebeet geraten sind.

MARGARETHE Sie haben offensichtlich überhaupt nicht verstanden, um was es geht . . .

PAUL Doch! Frau Melzer war mit Grau sehr zufrieden . . . das habe ich genau gehört . . .

MARGARETHE . . . Aber vom psychologischen Standpunkt aus befinden sich Melzers im Irrtum!

PAUL Aha . . . ?

MARGARETHE Jetzt gehen wir wieder rein . . . und Sie hören einfach nur zu . . .

Sie geht. Paul folgt ihr.

PAUL . . . Aber wenn Melzers . . .

MARGARETHE . . . Hören Sie einfach nur zu . . .

Beide verschwinden in der Tür.

37 *Laube. Innen. Tag.*

Margarethe und Paul betreten den Wohnraum und setzen sich.

MARGARETHE ... Herr Winkelmann hat da nämlich noch besonders schöne Töne in Gelb und Mattgrün, ... die sich sehr positiv auf die ganze Atmosphäre in diesem Raum und dadurch eben auch ... äh ... auf Ihr Wohlbefinden ... auswirken würden ...

Während Margarethe spricht, fällt Pauls Blick auf seine erdverklumpten Schuhe. Er verfolgt mit geniertem Blick die von beiden hinterlassene Spur.

FRAU MELZER ... Wir hätten gern das Aschgrau ...
PAUL Soll ich da mal so 'n ganz frisches Steingrau empfehlen ...?
MARGARETHE Nein, das sollen Sie nicht! Wir hatten doch wohl über die Wirkung von Farben gesprochen ...
PAUL ... Ich weiß, Sie sagten, daß Herr Melzer in einer vio-

letten Sitzgruppe möglicherweise seine Gattin umbringt . . .

HERR MELZER Was ? !

PAUL . . . Nur nicht, wenn sie geblümt ist . . .

38 *Restaurant. Innen. Abend.*

Paul und Margarethe sitzen sich an einem Tisch gegenüber.

MARGARETHE Herr Ober !

OBER *(im Weitergehen)* Moment !

Paul spielt mit Bierdeckeln. Dabei berührt er versehentlich Margarethes Hand, die
sie schnell zurückzieht.

PAUL . . . Es war schön, mit Ihnen zusammenzuarbeiten . . .
Wie Sie bei den Melzers . . . wie Sie denen das alles so
klargemacht haben . . . seelisch . . . meine ich . . . Und
ich meine . . .

DR. SCHNOOR *(im Vorbeigehen)* Guten Abend, Herr Winkelmann . . .

PAUL Guten Abend, Herr Dr. Schnoor . . . Und ich meine,
daß . . . äh . . . die Inneneinrichtung, . . . also meine
Branche, . . . daß man da viel wissenschaftlicher . . .

Ober unterbricht, bringt die Karte und geht wieder.

MARGARETHE Danke . . . Ich möchte eigentlich nur was Kleines . . .

Paul stutzt und sieht starr auf Margarethe.

PAUL . . . Äh . . . leider muß ich gleich rüber in die Sitzung . . .
ich bin heute Schriftführer. Aber wenn Sie vielleicht
hinterher noch da wären . . .

KEMPE *(im Vorbeigehen)* Guten Abend, Herr Winkelmann . . .

PAUL Guten Abend, Herr Kempe . . .

OBER Wir hätten heute Hirn . . . steht nicht auf der Karte . . .

MARGARETHE	Ich nehme einen gemischten Salat . . .
OBER	Einen Gemischten . . .

Der Ober geht.

FRAU WESTPHAL	*(im Vorbeigehen)* Guten Abend . . .
PAUL	Guten Abend, Frau . . . äh . . . Also, wenn Sie hinterher noch da wären . . . ich hätte ganz gern mal mit Ihnen in Ruhe . . . äh . . .
MARGARETHE	*(lächelnd)* Jetzt eß ich erst mal einen Salat . . .
PAUL	Tja, also dann . . .

Mit freundlichem Blick auf Margarethe entfernt sich Paul rückwärts in Richtung auf das Vereinszimmer und prallt auf einen sitzenden Gast, an dem er sich haltsuchend wieder aufrichtet.

39   *Hinterzimmer des Restaurants. Innen. Abend.*

Die Diskussion des Vereins zur Integration der Begriffe ›Frau‹ und ›Umwelt‹ in den Karnevalsgedanken ist in vollem Gange. Getränke stehen auf dem Tisch. Vereinzelt wird geraucht.
Paul kommt etwas verspätet dazu, legt seine Akten zurecht und setzt die Brille auf.

MEIER-GRABENHORST	. . . Ich halte es darum schon aus Gründen der Effektivität unserer Arbeit für erforderlich, uns als Vereinsmitglieder deutlich zu kennzeichnen . . .

Es wird durcheinander gesprochen.

KEMPE	Na, wir werden ja wohl kein Vereinsabzeichen tragen . . .
FRAU WESTPHAL	Also, ich fühle mich als Frau ausreichend gekennzeichnet . . .
MÜLLER	Wenn das so weitergeht, suche ich mir 'n anderen Verein . . .
DR. SCHNOOR	Bitte, lassen Sie doch Herrn Meier-Grabenhorst ausreden . . .
PAUL	Soll ich das festhalten . . .?

DR. SCHNOOR	. . . Ich sag's Ihnen dann, Herr Winkelmann . . . Bitte, Herr Meier-Grabenhorst . . .
MEIER-GRABENHORST	Ich beantrage, daß wir durch das Anlegen eines Emblems unser gemeinsames Ziel deutlicher zum Ausdruck bringen . . .
MÜLLER	Also doch ein Abzeichen!
DR. SCHNOOR	. . . Und an was hätten Sie gedacht?
MEIER-GRABENHORST	Ich habe mich da mal mit Werbefachleuten zusammengesetzt, . . . die übrigens auch schon führende Politiker sehr erfolgreich beraten haben . . . und . . . äh . . . wir haben da etwas erarbeitet . . . vielleicht könnte ich es mal . . .
DR. SCHNOOR	. . . Ja, bitte sehr . . .

Meier-Grabenhorst steht auf, entnimmt mit dem Rücken zu den Vereinsmitgliedern seinem Aktenkoffer eine kleine, fleischfarbene Pappnase mit den Aufschriften ›Frau‹ und ›Umwelt‹, legt sie mit Hilfe eines Gummibandes an und dreht sich um. Er wird von der Runde mit kritischem Ernst betrachtet.

MÜLLER	Tja . . .
MEIER-GRABENHORST	Ich meine, es ist nicht aufdringlich und doch einprägsam . . . überparteilich aber nicht unpolitisch . . .
FRAU WESTPHAL	Darf ich hierzu . . .
MÜLLER	Mir gefällt, daß mit dem Abnehmen dieses . . . des . . .
KEMPE	Nase . . .
MÜLLER	Danke! . . . daß dadurch die Demaskierung unserer Gesellschaft symbolisiert werden kann . . .
PAUL	Herr Dr. Schnoor . . .
DR. SCHNOOR	Moment . . .
MÜLLER	. . . als Aufgabe und Anliegen der demokratischen Gesellschaftsordnung . . .
FRAU WESTPHAL	Darf ich hierzu etwas sagen?
DR. SCHNOOR	Moment . . .

Meier-Grabenhorst setzt sich wieder an seinen Platz.

MEIER-GRABENHORST	. . . Ich erinnere an den Auftrag, den wir als Deutsche haben im Hinblick auf unsere Geschichte . . .
PAUL	Herr Dr. Schnoor . . .
DR. SCHNOOR	Sehr gut, Herr Meier-Grabenhorst . . . aber wir sollten auch das von Hern Müller aufnehmen . . .

	Also, Herr Winkelmann ...
PAUL	Ja ... äh ... wie war das: ... Äh ... Aufgabe und Anliegen ... und die Geschichte ... die ganze Geschichte mit der Gesellschaftsordnung ...
FRAU WESTPHAL	... Nach Ablösung der Vormachtstellung des Mannes und der Einbeziehung der Frau ...
MEIER-GRABENHORST	... Aber im Hinblick auf das deutsche Volk als unteilbare Nation!

Meier-Grabenhorst steht auf und verläßt das Sitzungszimmer, wobei er sich die Pappnase auf die Stirn schiebt.

FRAU WESTPHAL	... und der Einbeziehung der Frau in den ...
KEMPE	... Bei gleichzeitiger Aktivierung der Feuchtbiotope ...
FRAU WESTPHAL	... und der Einbeziehung der Frau in den gesellschaftlichen Aufbauprozeß!
PAUL	*(schreibend)* ... Nicht so schnell ...

DR. SCHNOOR (*diktierend*) ... Ablösung des Mannes bei gleichzeitiger Aktivierung der Frau unter Einbeziehung der Feuchtbiotope in das deutsche Volk als unteilbare Nation ...

Paul wiederholt schreibend einzelne Worte.

40 Bar im Restaurant. Innen. Abend.

Meier-Grabenhorst verläßt mit auf die Stirn geschobener Pappnase die Herrentoilette. Nach Überprüfung des Hosensitzes fällt sein Blick auf einen punkartig frisierten, aber korrekt gekleideten Jugendlichen, der mit seinen Eltern ruhig an der Bar sitzt und ein Würstchen verzehrt.
Meier-Grabenhorst bleibt stehen und betrachtet den Punk von hinten.

MEIER-GRABENHORST   Früher hätte so was hier gar nicht sitzen dürfen ...

Der Jugendliche und seine Eltern sehen ihn an und kauen weiter.

MEIER-GRABENHORST   Weißt du eigentlich, wie du aussiehst?

Die Mutter des Punk sieht von Meier-Grabenhorst auf den geschorenen Hinterkopf ihres Sohnes und dann wieder zu Meier-Grabenhorst.

MEIER-GRABENHORST   Guck mal in'n Spiegel ...

Meier-Grabenhorst will in das Vereinszimmer gehen, aber die Vereinsmitglieder verlassen – ohne Dr. Schnoor – in diesem Augenblick den Raum.

PAUL   *(zu Meier-Grabenhorst)* Guten Abend ...
MEIER-GRABENHORST   Guten Abend ...

Meier-Grabenhorst geht in das Vereinszimmer. Paul tritt an den Tisch von Margarethe, die gerade aufsteht.

PAUL   Ach, da sind Sie ja ...

MARGARETHE Ich wollte grade gehen . . .

Margarethe steht auf.

FRAU WESTPHAL Schönen Abend, Herr Winkelmann . . .
PAUL Guten Abend . . .

Margarethe nimmt ihre Garderobe.

KEMPE Wiedersehen . . .
PAUL Wiedersehen . . .

Paul und Margarethe gehen zur Tür, wobei er ihr ungeschickt in den Mantel hilft.

41 *Straße vor Restaurant. Außen. Abend.*

Paul und Margarethe verlassen das Restaurant. Paul bleibt mit seinem Mantel an der Türklinke hängen.
Neben dem Eingang auf dem Gehweg steht ein rauchender Mann mit einem Hund an der Leine. Letzterer verrichtet ein größeres Geschäft.

PAUL . . . Ich bin sonst in keinem Verein . . . aber durch diese gemeinsame politische Arbeit bekommt man einen Blick für die großen Zusammenhänge . . .

Margarethe und Paul gehen langsam die Straße entlang.

MARGARETHE Stehen Sie einer Partei besonders nahe?
PAUL Nein-nein, aber ich bewundere an Politikern ganz allgemein diese geistige und menschliche Überlegenheit . . .

Dr. Schnoor und Meier-Grabenhorst überholen sie.

DR. SCHNOOR Gute Nacht, Herr Winkelmann . . .
PAUL Gute Nacht . . .
MEIER-GRABENHORST Gute Nacht . . .
PAUL Gute Nacht.

Margarethe hat ihren Wagen erreicht.

MARGARETHE Tja, dann . . .

Sie steigt ein.

PAUL Ach . . . äh . . . ich wollte . . . schade . . . ich hätte die angesprochenen Themen . . .

Er bückt sich, um in das Wageninnere sehen zu können, und läuft dann um den Wagen herum auf die Fahrerseite. Margarethe kurbelt das Fenster herunter.

PAUL *(in das geöffnete Autofenster)* . . . und ich fände es auch sehr nett, wenn ich Sie zu einer Tasse Tee einladen . . .

Ein Laster fährt vorbei. Paul richtet sich im letzten Moment auf, drückt sich an Margarethes Auto und geht auf die andere Seite des Wagens. Margarethe kurbelt die gegenüberliegende Scheibe herunter.

PAUL *(durch das Fenster)* . . . Ich fände es sehr nett, wenn ich Sie . . . wenn ich Sie . . . vielleicht zu einer Tasse Tee . . .
MARGARETHE Vielen Dank, aber das sieht schlecht aus . . .
PAUL . . . Ich backe einen Hefezopf! Ich kann einen Hefezopf backen!
MARGARETHE Die nächsten zwei Wochen ist da überhaupt nichts zu machen . . .

Paul schreibt einen Zettel.

PAUL . . . Dann morgen! Ich backe morgen einen Hefezopf! Und wir trinken eine Tasse Tee . . . Um fünf! . . . Karl-Ernst-von-Hallmackenreuther-Straße drei, zweiter Stock . . . Eine Tasse Tee und ein Hefezopf!

Er reicht den Zettel durch das Wagenfenster.

MARGARETHE Ich will's versuchen . . .

42   *Pauls Treppenhaus. Innen. Tag.*

Paul verläßt den Lift, wobei ihm ein sperriges Großpaket erhebliche Umstände macht.
Er steckt den Schlüssel in das Schlüsselloch seiner vermeintlichen Wohnung und wirft sich gegen die Tür. Der Kleinbürger öffnet.

> PAUL   Oh, entschuldigen Sie bitte, ich dachte . . . ich hätte diesmal . . .

Der Kleinbürger schließt die Tür. Paul beginnt, das Sperrgut wieder im Lift zu verstauen.

43   *Frisiersalon. Innen. Tag.*

Im Spiegel sieht man Margarethe sitzend mit einem Frisierumhang. Über sie gebeugt der Damenfriseur, Herr Brösecke, der sich Margarethes Haar fachmännisch durch die Finger gleiten läßt.

> BRÖSECKE   . . . Sie haben natürlich 'n bißchen 'n Problemhaar, aber das verträgt schon mal 'ne neue Farbe, 'n bißchen was Frisches . . .
> MARGARETHE   'ne neue Farbe? Ich bin mit meiner ganz zufrieden . . .
> BRÖSECKE   Wenn man hier was wegnimmt, fällt es doch da gleich ganz anders. Man kann so tolle Sachen machen . . .

44   *Pauls Wohnzimmer. Innen. Tag.*

Paul hat sein Jackett ausgezogen. Er packt einen künstlichen Kamin aus.

Das Abziehen der Klebestreifen und die Handhabung der ungefügen Styroporteile bereiten Schwierigkeiten.

45   *Frisiersalon. Innen. Tag.*

Brösecke massiert den eingeschäumten Kopf von Margarethe Tietze.

    BRÖSECKE   ... Mit 'ner neuen Frisur fühlt man sich doch gleich ganz anders ...
                        Guck mal, Frau Tietze, mein Haar trag ich jetzt seit acht Tagen so ... ich fühl' mich wie 'n neuer Mensch ...

46   *Pauls Wohnzimmer. Innen. Tag.*

Paul schiebt den künstlichen Kamin an die Wand. Eine leichte Schrägneigung ist nicht zu korrigieren.

47   *Frisiersalon. Innen. Tag.*

Im Spiegel sieht man die Köpfe von Margarethe und Brösecke.
Beide tragen dieselbe Frisur. Brösecke entfernt mit Schwung den Frisierumhang.

    BRÖSECKE   So . . . und das hat auch nicht jeder!
    MARGARETHE   Wenn Sie meinen . . .

48   *Pauls Wohnzimmer und Küche. Innen. Tag.*

Rechts und links je ein riesiges Styroporteil hinter sich her schleifend, eilt Paul vom Wohnzimmer über den Flur in die kleine Küche und verstellt mit den Verpackungsteilen die Tür von dort ins Wohnzimmer. Er wirft einen Blick in den Backofen, in dem der selbstgefertigte Hefezopf seiner Vollendung entgegensieht.

49   *Frisiersalon. Außen. Tag.*

Margarethe wird an der Tür des Frisiersalons von Brösecke verabschiedet.

    BRÖSECKE   Ciao...
    MARGARETHE   Wiedersehen...

Sie geht zu ihrem Wagen, entfernt einen Strafzettel und steigt ein.

50   *Pauls Wohnzimmer. Innen. Tag.*

Paul wurstelt sich ungeschickt in seinen Pullover.

51   *Straße vor Pauls Haus. Außen. Tag.*

Margarethe geht von ihrem geparkten Auto auf Pauls Haustür zu.

52   *Pauls Wohnzimmer. Innen. Tag.*

Der Teetisch ist gedeckt. Paul stellt eine Kerze dazu. Sie hat die Gestalt einer Katze und ist rosa.
Er setzt den künstlichen Kamin in Gang und legt ein Kissen zurecht, wobei er sich im letzten Augenblick versagt, dieses mittels eines Handkantenschlages in eine gefällige Form zu bringen.
Es klingelt.
Paul zieht noch schnell die Gardine zurecht. Sie löst sich aus der Schiene und bleibt nur mit der letzten Klammer im Gardinenkasten hängen.
Es klingelt wieder.
Paul eilt zur Wohnungstür.

53 *Treppenhaus vor Pauls Wohnung. Innen. Tag.*

Margarethe wartet.

Paul kann die Tür nur einen Spaltbreit öffnen, da sie von innen mit einer Kette gesichert ist.

      PAUL   Frau Tietze?
MARGARETHE   Ja...

54 *Pauls Flur. Innen. Tag.*

Paul entfernt die Sicherheitskette und öffnet die Tür. Margarethe tritt ein.

MARGARETHE   Sie haben mich wohl gar nicht mehr erwartet?
PAUL   Doch-doch . . . ich hatte nur grade . . . darf ich Ihnen den . . . äh . . .
MARGARETHE   Oh, ja, danke schön . . .

Paul nimmt ihr den Mantel ab.

MARGARETHE   . . . Ich habe Ihnen hier was mitgebracht . . .

Sie überreicht ihm eine Tüte mit Inhalt. Paul wirft einen Blick hinein.

PAUL   Oh, das ist aber nett . . . das finde ich sehr . . .

Seine Stimme erstirbt.

MARGARETHE   Es ist ja nur eine Kleinigkeit . . .
PAUL   Vielen Dank . . . das wäre wirklich nicht nötig gewesen . . .

Er hängt Margarethes Mantel auf.

PAUL   Sie können ja dann gleich . . . äh . . . setzen Sie sich doch schon ins Wohnzimmer . . .

Er sieht noch einmal in die Tüte und eilt voraus. Margarethe tritt vor den Garderobenspiegel und ordnet ihre neue Frisur.

55 *Pauls Wohnzimmer. Innen. Tag.*

Paul entnimmt der Tüte die gleiche Kerze, die er zuvor auf den Tisch gestellt hatte. Sie unterscheidet sich nur durch die Farbe. Er stürzt an den Tisch, wechselt die Kerzen aus, sieht sich suchend um und läßt dann seine rosafarbene in den Papierkorb fallen.
Margarethe betritt den Wohnraum. Eine gewisse Verlegenheit macht sich bemerkbar.

MARGARETHE Hübsch haben Sie 's hier . . .
       PAUL Och Gott ja, es genügt mir . . . ich bin ja auch meistens
             bei meiner . . .

Paul bemerkt einen Staublappen auf der Kommode und versteckt ihn hinter einer Uhr.

       PAUL Das ist echt Nußbaum furniert . . . Die können Sie auch
             haben in Eiche, in Mahagoni und Birke geflammt . . .

Margarethe macht den Eindruck, als höre sie nicht zu.

       PAUL . . . Der Schrank da drüben ist aus der Trulleberg-Serie
             zur Selbstmontage . . . auf Wunsch auch mit einem Tisch
             und zwei Stühlen . . . das macht dann zusammen . . .
             warten Sie . . .

Er setzt seine Brille auf und liest einen Anhänger.

       PAUL . . . Ach, wie dumm! Ich habe die Preise nur in der
             Liste . . .

Margarethe geht an ihm vorbei in Richtung Bettnische.

MARGARETHE . . . Macht ja nichts . . .
       PAUL . . . Die stehen hier nicht drauf . . . typisch, wenn man's
             braucht . . .

Margarethe ist in den Alkoven getreten. Ihr Blick ist dabei auf das Bild seiner Mutter gefallen, das auf einem Tischchen neben dem Patentbett steht.

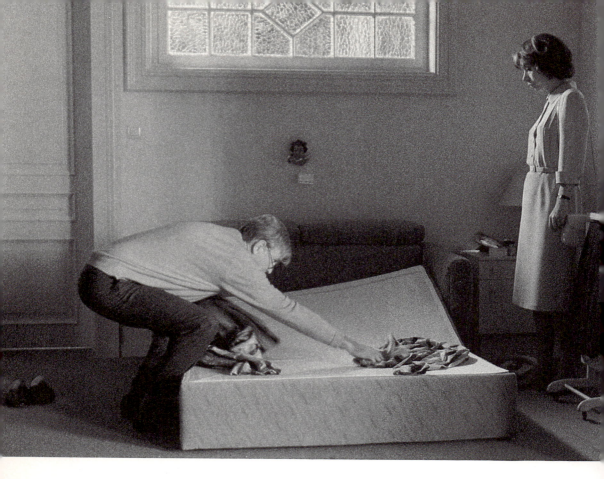

    MARGARETHE   ... Ist das Ihre Frau Mutter?
    PAUL   Ja ... das ist M ... M ... Mamma ... meine ... meine Mutter ... eine ganz, ganz famose Person! ... Ganz famos ... und das hier ist ein Sitz- und Schlaf-Kombimöbel ... Sehr anständig in der Verarbeitung ...

Er klappt sein Patentbett auf, wobei der Pyjama sichtbar wird, den er schnell wegnimmt, hinter seinem Rücken versteckt und dann auf den Boden fallenläßt.

    PAUL   Fünf-zwo in Weißpolster ...
    MARGARETHE   Bitte ...? Ach so, ja ...

Margarethe wendet sich dem Wohnraum zu.

    MARGARETHE   Es riecht hier so gut ... ist das der Hefezopf?
    PAUL   Ach ja ... Bitte nehmen Sie doch Platz ...

Margarethe setzt sich in die Sofaecke, Paul eilt in Richtung Küche.

MARGARETHE   . . . Und wo geht es da hin?

Paul bleibt stehen.

PAUL   Das ist die Küche!
MARGARETHE   Kochen Sie gern?
PAUL   Na ja. Mamma kocht besser!

Beim Öffnen der Küchentür wird er durch ein übles Geräusch daran erinnert, daß er den Zugang zu seiner Küche mit den Styroporteilen verstellt hat. Er lächelt verlegen in Richtung auf seinen Gast und eilt aus dem Zimmer, wobei ihm die offene Tür im Wege steht.

PAUL   Wenn Sie sich einen Moment gedulden wür . . . mögen . . .

56   *Pauls Küche. Innen. Tag.*

Paul erreicht über den Flur die Küche und entnimmt dem Backofen den Hefezopf. Es kommt zu einer heiklen Manipulation mit einem Topflappen-Handschuh, da sich der Backofen infolge der abgestellten Styroporteile nur einen Spaltbreit öffnen läßt. Es gelingt ihm, den Hefezopf in direktem Zugriff mit dem Topflappen-Handschuh, jedoch in zwei Teilen, auf ein Holzbrett zu praktizieren.
Während seiner Tätigkeit spricht er durch die geschlossene Tür mit Margarethe.

PAUL   Bei der Polstergarnitur könnte ich Ihnen etwas entge-
genkommen . . .

57 *Pauls Wohnzimmer. Innen. Tag.*

Margarethe liest einen Warenanhänger, der am Sofa hängt.
Paul kommt mit dem Hefezopf durch die Wohnzimmertür, drückt auf dem Weg den schiefstehenden Kamin noch einmal an die Wand und stellt den Zopf auf den Tisch.
Margarethe gießt Tee ein.

> MARGARETHE Der sieht ja wundervoll aus . . . Und den haben Sie selbst gebacken . . . ?
> PAUL Ja . . . nach einem Rezept von meiner Mutter . . .

Er schiebt bei dem Wort ›Mutter‹ mit einem Ruck die beiden Teile des Hefezopfes zusammen.

> PAUL . . . Möchten Sie einen Sherry zum Tee?
> MARGARETHE Einen ganz kleinen . . .

Paul geht zu seiner kleinen Hausbar, einem Zimmerkühlschrank mit eingebautem Kassettenrecorder. Er schaltet die vorbereitete romantische Musik ein und entnimmt eine Flasche Sherry, die er auf ein Tablett mit zwei Gläsern stellt. Auf dem Rückweg schließt er die Hausbar mit dem Fuß. Es gelingt ihm, sein hierdurch verlorenes Gleichgewicht durch rasches Hinsetzen aufzufangen.
Er gießt sich einen Sherry ein.

> PAUL . . . Unsere Zusammenarbeit hat mir sehr gefallen . . .
> MARGARETHE Na ja . . . , also Zusammenarbeit . . .

Paul nimmt einen Schluck Sherry.

> MARGARETHE . . . Sie hängen sehr an Ihrer Mutter . . .

Paul verschluckt sich fast.

> PAUL Ja schon . . . jeder hängt ja wohl an seiner Mutter . . .
> MARGARETHE Ja, ja, natürlich . . .

Paul trinkt den Sherry aus und setzt das Glas ab.

> PAUL Ach, mit Ihnen kann man wirklich über alles reden!

Er gießt einen neuen Sherry ein und reicht ihn Margarethe.

MARGARETHE   Tun Sie das doch einfach . . .

Paul genehmigt sich den zweiten Sherry und erhebt das Glas.

PAUL   . . . Dann muß ich Ihnen jetzt etwas sagen, was ich nur
einmal im Leben zu einer Frau gesagt habe: . . . Ich
würde mich mit Ihnen in einer Tonne durch die Nia-
gara-Fälle treiben lassen . . . das habe ich bisher nur zu
meiner Mutter gesagt . . .

Er trinkt.

MARGARETHE   . . . Da würde ich Sie dann doch bitten, lieber mit Ihrer
Frau Mutter zu reisen . . .

PAUL   . . . Wissen Sie . . . ich würde . . . ich meine . . . es muß
ja nicht in 'ner Tonne sein . . .

MARGARETHE   . . . Aber wenn sich Ihre Mutter nun schon so drauf
gefreut hat . . .

Paul rückt auf Margarethe zu.

PAUL   . . . Dann könnten wir doch zusammen . . . äh . . . warum soll man nicht einfach . . .

MARGARETHE   . . . Zu dritt in dieser Tonne?

*Paul steht auf und steigt über Margarethe hinweg auf die andere Sofaseite, wobei er
hinter ihr die heruntergefallene Gardine aufzuräumen versucht.*

PAUL   Nein-nein, keine Vergnügungsreise . . . ich muß Freitag
in acht Tagen geschäftlich nach . . . äh . . . Dings . . .
äh . . . nach äh . . . Mailand . . . Wenn Sie da nun einfach
mitkämen? . . . Geschäftlich, meine ich . . .

*Seine weltmännische Ader ist wieder durchgebrochen. Er zündet die Katzen-Kerze
an.*

MARGARETHE   . . . Ich denke ja überhaupt nicht dran!

PAUL   . . . Man könnte noch einen Tag dranhängen . . .

MARGARETHE   Herr Winkelmann, ich habe einen Beruf!

Paul nimmt seine Brille ab.

        PAUL   ...Aber doch nicht am Wochenende... *(beschwörend)* ...Frau Tietze!

58   *Café. Innen. Tag.*

Mutter Winkelmann und Tante Mechthild sitzen bei Kaffee und Kuchen.

MUTTER WINKELMANN	Weißt du, Mechthild, ich sage immer, die jungen Menschen haben ihr eigenes Leben, und man soll ihnen da nicht reinreden...
TANTE MECHTHILD	Der Jüngste ist er ja nun auch nicht mehr...
MUTTER WINKELMANN	Paul hat mir immer Freude gemacht... er müßte nur mal 'n bißchen raus...

TANTE MECHTHILD   ... Er fährt doch immer zu diesen Stoff-Heinis nach
Italien ...

MUTTER WINKELMANN   Dann hat er ja auch dauernd diese Vertreter im Haus ...
Heute morgen wollte er von mir das Rezept von meinem
Hefezopf ... hach, ich wollte ihn ja deswegen noch
anrufen ...

TANTE MECHTHILD   Muß das sein?

MUTTER WINKELMANN   *(zur Bedienung)* Gibt es hier ein Telefon, mein Kind?

BEDIENUNG   Am Buffet.

Die vierzigjährige, vollschlanke Bedienung wirkt pikiert.

TANTE MECHTHILD   Na, dann zahl' ich schon mal ...

Mutter Winkelmann geht ans Telefon und hebt den Hörer ab.

MUTTER WINKELMANN   Muß ich hier irgendwas drücken oder so?

59   *Pauls Wohnzimmer. Innen. Tag.*

*Bei romantischer Streichermusik sitzen Paul und Margarethe dicht nebeneinander
auf dem Sofa. Dem Paar fehlt offensichtlich die für solche Situationen erforderliche
Übung. Nach verlegener Wortlosigkeit bricht Margarethe das Schweigen.*

MARGARETHE   ... Wie werden Sie eigentlich von Ihrer Mutter genannt?

PAUL   Mamma nennt mich Pussi ...

MARGARETHE   *(verträumt)* Pussi ...

PAUL   ... Wissen Sie, an was ich denken muß?

MARGARETHE   Wenn Sie es mir sagen ...

PAUL   ... An Herrn Brösecke, den Damenfriseur ...

Das Telefon klingelt.

PAUL   Entschuldigen Sie bitte ...

Paul hebt den Hörer ab, wobei er Schwierigkeiten hat, da das Telefon in einiger Entfernung vom Sofa auf dem Fußboden steht.
Margarethe entgleist das Lächeln.

    MARGARETHE   Bitte...
          PAUL   Winkelmann...

60   *Café. Innen. Tag.*

MUTTER WINKELMANN   Pussi?... Du, ich sitze hier gerade mit Mechthild... und da ist mir noch was eingefallen für deinen Hefezopf...

61   *Pauls Wohnung. Innen. Tag.*

Paul formt lautlos aber sehr deutlich in Richtung Margarethe das Wort ›Mamma‹.

MUTTER WINKELMANN   *(aus dem Telefon)* Also . . .

62   *Café. Innen. Tag.*

MUTTER WINKELMANN   . . . bevor du ihn reinschiebst, mußt du ihn mit Eigelb
einstreichen . . .

63   *Pauls Wohnzimmer. Innen. Tag.*

Während des Gesprächs ist Margarethe aufgestanden und zur Tür gegangen.

PAUL   Ja, Mamma, ja . . .
MARGARETHE   *(gedämpft)* Ich muß jetzt gehen . . .
MUTTER WINKELMANN   *(aus dem Telefon)* Hallo?

Paul hält den Hörer zu.

PAUL   Moment . . .

64   *Café. Innen. Tag.*

MUTTER WINKELMANN   . . . du könntest ihn auch mit gehackten Mandeln be-
streuen . . .

88

65   *Pauls Wohnzimmer. Innen. Tag.*

PAUL   . . . Mamma . . . wir haben den Hefezopf eigentlich
schon fast gegessen . . .

66   *Café. Innen. Tag.*

MUTTER WINKELMANN   . . . Sind die Herren denn noch da?

67   *Pauls Wohnzimmer. Innen. Tag.*

PAUL   . . . grade aus der Tür . . .

*Er hebt zum Abschied die Hand. Margarethe erwidert seine Geste und schließt mit
einem Abschiedslächeln die Tür.*

MUTTER WINKELMANN   *(aus dem Telefon)* Hallo?

68   *Vor Haus Mutter Winkelmann. Außen. Tag.*

*Paul und seine Mutter gehen von der Gartenpforte auf das Haus zu. Er trägt das
Eingekaufte. Im Hintergrund zieht ein singender Kindergarten vorbei.*

MUTTER WINKELMANN   Hat den Herren der Hefezopf geschmeckt?

PAUL Ja . . . das heißt . . . gestern war das weniger auf Vertre-
terebene . . . ich möchte die Kundenberatung künftig
mehr unter wissenschaftlichen Gesichtspunkten . . . Dr.
Tietze . . . Frau Doktor Tietze ist Psychologe . . .

MUTTER WINKELMANN Ach, du hattest gestern gar keinen Besuch?

Sie gehen durch die Haustür ins Treppenhaus.

69 *Haus Mutter Winkelmann. Treppenhaus vor der Wohnungstür. Innen. Tag.*

PAUL Doch, ich sag ja . . .
MUTTER WINKELMANN Wer?
PAUL Frau Dr. Tietze . . .
MUTTER WINKELMANN Ach, wie hast du denn den Herren erklärt, wer diese Frau
Tietze ist?
PAUL Da waren ja gar keine Herren . . .

Mutter Winkelmann bleibt stehen.

MUTTER WINKELMANN . . . Da hätte ich mit dir telefoniert, während du mit
dieser Person . . .
PAUL Mamma, Frau Dr. Tietze ist Wissenschaftlerin . . . wir
arbeiten zusammen.

Sie gehen weiter die Treppe hinauf.

MUTTER WINKELMANN Ja-ja! Das willst du deiner Mutter erzählen?!
PAUL Mamma . . .!

70 *Haus Mutter Winkelmann. Flur. Innen. Tag.*

Sie betreten den Flur.

MUTTER WINKELMANN   Kannst du mir sagen, wie das jetzt weitergehen soll?
PAUL   Mamma... ich habe vor, mich wegen der Beratung der Kunden, also wegen der Kundenberatung... beraten zu... von Frau Dr. Tietze... beraten zu lassen...

Er stellt das Eingekaufte ab. Seine Mutter geht zur Garderobe.

MUTTER WINKELMANN   Die Firma Winkelmann kann wohl ihre Einkäufe nicht mehr alleine machen?!
PAUL   ... Ich muß ja leider nächste Woche schon wieder runter... nach... äh...
MUTTER WINKELMANN   ... Ach! Da muß die Dame wohl schon mit? Vielleicht machen sich die Herrschaften auch noch ein paar schöne Tage!? Wie?
PAUL   Mamma...!
MUTTER WINKELMANN   ... Ich will dir mal was sagen, mein Junge: Dann kann sie auch deine Hemden bügeln!

Sie nimmt sich den Hut vom Kopf und drückt ihn Paul in die Hand, der verlegen zu Boden sieht.

71   *Tanzschule. Innen. Abend.*

Tanzprobe mit Rudi, Margarethe und sechs Damen. Margarethe kommt die Probetreppe herunter.

MARGARETHE   *(singt)* . . . Seine Schwester heißt . . .

Sie bleibt stehen und macht eine verärgerte Armbewegung.

MARGARETHE   Scheiße!

Sie setzt sich auf die Treppe.

RUDI   Nein, so heißt sie nicht.
MARGARETHE   Ich kann mir den dämlichen Namen nicht merken!
RUDI   Akademiker sind eben doch wohl überschätzt . . .

Er setzt sich zu Margarethe auf die Treppe und legt ihr zur Beruhigung die Hand aufs Knie.

MARGARETHE   Mir wird ganz schlecht, wenn ich daran denke, auf was ich mich da eingelassen habe . . .

Aus Rudi spricht Resignation, die sich auf sein eigenes Berufsleben bezieht.

RUDI   Es ist ja nicht fürs Fernsehen! Du stehst auf einer Klein-kunstbühne bei einem Betriebsfest vor zweihundertfünf-zig Betriebsangehörigen eines mittleren kunststoffverar-beitenden . . . äh . . . Dings . . . äh . . .
MARGARETHE   Betriebes . . .
RUDI   Ja!
Klar!?

Rudi steht auf.

MARGARETHE   Klar! Kann ich mal telefonieren?
RUDI   Ja doch . . .
(zu den Tänzerinnen) . . . und noch einmal Chorus-Line. . .

Er schaltet den Kassettenrecorder ein und probiert mit den sechs Damen.
Margarethe geht an einen im Übungsraum angebrachten Münzfernsprecher und wählt.

72   *Pauls Wohnzimmer. Innen. Abend.*

Paul bei der Arbeit. Er sitzt auf dem Sofa und ist umgeben von aufgeschlagenen Musterbüchern. Vor ihm liegen Schreibutensilien. Er trinkt Tee und notiert.
Das Telefon klingelt.
Da es außer seiner Reichweite liegt, ist er genötigt, sich über Sofa und Musterbücher zu strecken. Er erreicht den Apparat nicht ganz und stößt den Hörer von der Gabel.

    MARGARETHE   *(aus dem Telefon)* Hallo?

Paul ist zu Fall geraten und liegt auf dem Boden im Kampf mit Musterbüchern und Telefon.

MARGARETHE   *(aus dem Telefon)* Hallo?

Es gelingt Paul, den Hörer ans Ohr zu legen.

PAUL   Winkelmann . . .

73   *Tanzschule. Innen. Abend.*

MARGARETHE   Hier ist Margarethe Tietze . . . Ich wollte mich nur be-
danken für gestern . . .

74   *Pauls Wohnzimmer. Innen. Abend.*

MARGARETHE   *(aus dem Telefon)* . . . und für den Hefezopf . . .
PAUL   Hat er Ihnen denn geschmeckt?

75   *Tanzschule. Innen. Abend.*

MARGARETHE   Tausend Dank . . . Bitte? . . . Es ist hier so laut . . . was?

Pause. Margarethe glaubt, nicht recht gehört zu haben.

MARGARETHE   Wie käme ich dazu, mit Ihnen nach Italien zu fahren?

76 *Flughafen Mailand. Außen. Tag.*

Eine Gruppe von Fluggästen strebt dem Ausgang zu. Im Vordergrund eine beleibte Dame im Pelz mit Hund. Neben einem Herrn kommt Paul ins Bild. Er steigt über den Hund.

> PAUL   Da fliegen wir zusammen über die Alpen . . .

Hinter dem Herrn neben Paul taucht Margarethe auf.

> PAUL   . . . landen in Italien . . . die Staatskarosse steht bereit . . .
> ich glaube, ich träume . . .
> MARGARETHE   . . . haben wir denn weit zu fahren?
> PAUL   Nein-nein, in zwanzig Minuten sind wir in Casapulcino!

Paul und Margarethe verlassen das Flughafengebäude und treffen auf Herrn Mancini, von dem sie erwartet werden. Herr Mancini spricht ein gutes Deutsch mit italienischer Färbung.

> PAUL   . . . Das ist Signor Mancini, mein italienischer Agent . . .
> Frau Tietze . . .
> MANCINI   Guten Tag, Signora . . . benarrivati. Prego, kommen Sie
> mit.
> MARGARETHE   Buon giorno.

Die drei setzen sich in Bewegung.

> MANCINI   Ich habe einen sehr schönen Leihwagen genommen für
> Sie . . .

Er geht etwas voraus. Sie erreichen den Wagen, von dem man zunächst nur den Kofferraum sieht. Mancini verstaut das Gepäck darin. Auf Pauls Gesicht macht sich Verwirrung bemerkbar.

> PAUL   Herr Mancini . . .

Mancini reagiert nicht.

> PAUL   Herr Mancini . . . Herr Mancini . . .
> MANCINI   Wollen Sie vorne Platz nehmen, Signora?

95

MARGARETHE   Ach, nein . . . ich sitze ganz gern hinten . . .

Der Rest des Autos kommt ins Bild. Auf dem Dachgepäckträger ist ein Turm gebrauchter Kleinmöbel mit einem Seil festgezurrt. Paul sieht fassungslos auf das Gerümpel. Mancini öffnet Margarethe die hintere Tür, sie steigt ein. Mancini öffnet die Fahrertür.

PAUL   Herr Mancini . . . was ist denn mit diesem Hausrat?

Mancini antwortet von der anderen Seite des Autos. Der Hausrat behindert die Sicht zwischen Paul und ihm.

MANCINI   Äh . . . wir kommen in der Nähe von meinem Schwager vorbei, da halten wir einen Moment, und ich bringe ihm ein paar Sachen, das ist kein Problem, überhaupt kein Problem . . .

Sie steigen ein. Paul setzt sich nach hinten zu Margarethe.

77 *Oberitalienische Landschaft. Außen. Tag.*

Das bepackte Auto auf der Fahrt durch eine ländliche oberitalienische Flachlandschaft. Die Strecke ist zum Teil holprig.

78 *Leihwagen. Innen. Tag.*

Paul und Margarethe auf dem Rücksitz.

    PAUL Norditalien wird vorzugsweise landwirtschaftlich genutzt...
MARGARETHE Ach...

79 *Alleinstehendes heruntergekommenes Anwesen. Außen. Tag.*

Der Leihwagen hält in gewissem Abstand. Es ist kein Mensch zu sehen. Paul und Margarethe bleiben im Auto sitzen. Mancini hupt, steigt aus und ruft.

MANCINI   Antonella . . .

Er macht ein paar Schritte auf das Haus zu.

MANCINI   Antonella ! ! !

Mancini geht zum Auto zurück.

80   *Leihwagen. Innen. Tag.*

Mancini spricht durch das heruntergekurbelte Autofenster.

MANCINI   Un momento !

Er beginnt abzuladen.

PAUL   *(zu Margarethe)* . . . Man sieht wirklich mehr, wenn man
die Nebenstraßen fährt . . .

81   *Anwesen. Außen. Tag.*

*Aus der Tür des Anwesens kommt kauend ein schlecht gelauntes Ehepaar. Sie wischt
sich die Hände an der Schürze ab. Beide gehen auf das Auto zu. Es wird italienisch
gesprochen.*

ANTONELLA   E noi che ci dovremmo fare con tutta 'sta roba . . . eh ?
(Was sollen wir denn mit dem Plunder ?)
MANCINI   Questa è la roba che vi ha mandato la mamma . . .
(Das sind die Sachen von Mamma . . .)

Das Ehepaar hilft beim Abladen.

ANTONELLA   Quelle sarebbero le sedie della mamma?
(Sind das Mammas Stühle?)

MANCINI   Eh, si vede ancora dove l'hai morsicata tu . . .
(Da ist noch die Stelle, wo du reingebissen hast . . .)

82   *Leihwagen. Innen. Tag.*

PAUL   Sprechen Sie eine Fremdsprache?

MARGARETHE   Englisch . . .

PAUL   Mit Englisch kommt man ja überall durch.

GINO   E ci hai disturbato per quella roba lì mentre stavamo
mangiando? . . . E il televisore, dove sta?
(Und wegen dieses Plunders hast du uns beim Essen
gestört? . . . Und wo ist der Fernseher?)

MANCINI   Piano!
(Langsam)

Im Hintergrund taucht Opa auf.

83   *Anwesen. Außen. Tag.*

ANTONELLA   Quel vecchio tappeto potresti anche mettertelo nel culo!
(Den alten Teppich kannst du dir an den Hut stecken!)

MANCINI   Leviamo questo . . .
(Heben wir das hier mal runter . . .)

84 *Leihwagen. Innen. Tag.*

Antonella sieht auf Pauls Seite in den Wagen.

ANTONELLA È lui il tedesco?
(Ist das der Deutsche?)

Neben ihr erscheint das Gesicht von Mancini.

MANCINI Sì...
(Ja...)

Antonella schneidet eine Grimasse.
Beide verschwinden vom Fenster.

GINO Ma chi s' è rimorchiato, quello?
(Wen hat der sich denn da aufgegabelt?)

Auf Margarethes Seite sieht Mancinis Schwager in das Auto.

85 *Anwesen. Außen. Tag.*

Opa kommt mit einer Gemüsekiste voll leerer Flaschen.

MANCINI   Metti le bottiglie davanti . . .
(Stell die Flaschen vorne rein . . .)

Mancini öffnet den Wagen.

86 *Leihwagen. Innen. Tag.*

Opa stellt die Flaschen auf den Beifahrersitz.

OPA   *(zu Paul und Margarethe)* Buon giorno . . .

87 *Anwesen. Außen. Tag.*

Mancini steigt ein. Das Auto fährt ab.

88 *Leihwagen. Außen. Tag.*

Fahrt durch triste, flache Landschaft mit starkem Hoppeleffekt durch Schlaglöcher.

89   *Leihwagen. Innen. Tag.*

Die Insassen werden zum Klappern der Flaschen stark durchgeschüttelt.

MARGARETHE   . . . Heute abend esse ich eine Riesenportion Spaghetti
carbonara . . .

PAUL   . . . Und hinterher diesen warmen Ei . . . Eierschaum . . .
äh . . . *(er schnippt mit dem Finger)* . . . Zabaione . . . !

90   *Trattoria. Außen. Tag.*

Der Leihwagen hält vor einer Trattoria in unmittelbarer Nähe einer Stoff-Firma.
Alle drei steigen aus.

PAUL   Ich glaube, es hätte keinen Zweck, wenn Sie jetzt mit in
die Firma kämen . . . das hier ist ein sehr nettes, kleines
Café, in dem ich öfter sitze . . . da nehmen Sie erst mal
einen Espresso . . .

Margarethe betrachtet zweifelnd die Trattoria.
Im Hintergrund die große Reklamewand einer Matratzenfirma, auf der ein Hoch-
zeitspaar in horizontaler Lage auf eine Matratze zufliegt.

PAUL   Ich erledige in der Firma das Geschäftliche und hol' Sie
dann hier wieder ab . . .

MARGARETHE   Machen Sie sich um mich keine Sorgen . . .

PAUL   Tja, dann . . . bis später!

MANCINI   Signora . . .

Mancini verbeugt sich und steigt ein. Paul öffnet mit Blick auf Margarethe die
Wagentür, um sich auf den Beifahrersitz zu setzen. Er gerät in die Flaschen.
Margarethe betritt die Trattoria.

91 *Trattoria. Innen. Tag.*

*Außer der Padrona, einer resoluten, vollschlanken Person (50), die hinter der Theke
arbeitet, und einem alten, zahnlosen Mann ist der Raum leer.*
*Margarethe setzt sich zögernd an einen freien Tisch. Sie weicht dem gezielten Lächeln
des Greises aus, den das Fehlen seiner Zähne nicht daran hindert, sich für unwider-
stehlich zu halten.*

> PADRONA Cosa desidera?
> (Haben Sie einen Wunsch?)

Sie bemerkt Margarethes ratlosen Blick.

> PADRONA Café . . . Capuccino . . . ?

Margarethe nickt.

> PADRONA Allora, Capuccino . . .
> (Also Capuccino . . .)

Sie beginnt, den Capuccino vorzubereiten, und wendet sich an den Alten.

> PADRONA Ne vuoi un' altra grappa tu?
> (Willst du noch einen Grappa?)
> ALTER Una per me e una per la giovane signora . . .
> (Einen für mich und einen für die junge Dame . . .)
> PADRONA Ma è possibile che pensi sempre alla stessa cosa?
> (Es ist doch nicht möglich, daß du immer an dasselbe
> denkst!)
> ALTER Eh! Non ne ho mai pensato . . .
> (Ha! An sowas hab ich noch nie gedacht . . .)
> PADRONA Va be' . . . va be' lasciamo perdere, guarda . . .
> (Schon gut . . . schon gut . . . lassen wir das . . .)

*Sie bringt dem Alten einen Grappa, dann Margarethe einen Capuccino und einen
weiteren Grappa, wobei sie durch eine Handbewegung andeutet, Margarethe sei von
dem Alten eingeladen.*

> PADRONA Prego . . .

Der Alte prostet Margarethe zu. Sie nippt verlegen lächelnd am Grappa.
Ein Mann in Arbeiterkleidung macht einen Satz in die Bar. Er hat sich den
Rollkragen seines Pullovers bis über die Nase gezogen. Seine Hand steckt in der
gefährlich gewölbten Hosentasche.

    1. ARBEITER   Mani in alto!
                      (Hände hoch!)

Ein zweiter und dritter Arbeiter schubsen den ersten von hinten in die Bar.

    2. ARBEITER   Piantala! Ho fame . . .
                      (Hör auf! . . . Ich hab Hunger . . .)

Die Padrona lacht.
Die drei Arbeiter lehnen sich gutgelaunt an die Theke.
Stimmengewirr bei Bestellungen aller Art.

    1. ARBEITER   Per me due uova . . .
                      (Für mich zwei Eier . . .)

Die Padrona stellt eine Schüssel mit hartgekochten Eiern in der Schale auf die
Theke. Während der zweite und dritte Arbeiter das Bestellte in Empfang nehmen,
beginnt der erste Arbeiter mit zwei Eiern zu jonglieren.

    2. ARBEITER   Roberto sembra proprio essere in grande forma oggi!
                      (Roberto ist heute wieder groß in Form!)

Der zweite Arbeiter entdeckt Margarethe und spricht zu ihr.

    2. ARBEITER   Vero?
                      (Nicht wahr?)

Margarethe nickt verlegen und trinkt ihren Grappa aus.
Der dritte Arbeiter hat sich ein Ei auf seinen Kaffeelöffel gelegt und balanciert es
im Munde.

    2. ARBEITER   Peppino è ancora più in gamba eh . . . guarda . . .
                      (Guck mal, Peppino ist noch besser!)
    PADRONA   Almeno sta zitto, guarda!
                      (So hält er wenigstens die Klappe!)

Der erste Arbeiter hat sich zwei Teelöffel in den Mund gesteckt und balanciert zwei Eier.

    2. ARBEITER   Dai Cecilia, passami un' uovo . . .
                           (Cecilia, gib mir auch ein Ei . . .)
    PADRONA   Peggio dei bambini . . . Bravo, bravo, guarda che bravo!
                           (Schlimmer als Kinder . . . Bravo, bravo, bravo!)

Der dritte Arbeiter tritt an den Tisch des zahnlosen Alten, legt ihm Ei und Teelöffel hin und setzt sich zu ihm.

    3. ARBEITER   Benito, adesso ci provi tu!
                           (Benito, jetzt versuchst du es mal!)
    ALTER   Vai a prendermi a casa i denti, così ci provo anch'io a questo gioco . . .
                         (Hol mir meine Zähne, dann mach ich mit . . .)

Er lacht mit weit aufgerissenem Mund.

PADRONA	Le uova costano . . .
	(Eier kosten Geld . . .)
1. ARBEITER	Io adesso con tre ci provo . . .
	(Ich versuch's jetzt mal mit drei Eiern . . .)
2. ARBEITER	. . . la signorina . . .
PADRONA	Ma lascia perdere la signorina!
	(Laß die Signorina in Ruhe!)
1. ARBEITER	Ma tu ce l'hai sempre con le signorine . . .
	(Du hast es aber auch immer mit den Fräulein . . .)

Der zweite Arbeiter legt Margarethe mit galanter Verbeugung ein Ei auf den Tisch.

2. ARBEITER	Signora . . .
PADRONA	Dovete andarvene voi, ragazzi . . .
	(Ihr haut jetzt sofort ab . . .)

92 *Italienisches Stofflager. Innen. Tag.*

Paul beim Prüfen und Auswählen von Stoffen. Die vorherrschenden Farben des überreichlichen Angebotes sind Violett-, Schwarz-, Grau- und Brauntöne.
Der Firmeninhaber, Herr Contadino (50), ein überlegen wirkender Herr, steht hinter einem Verkaufstisch. Herr Mancini fungiert als Dolmetscher.

    PAUL   Die neuen Kollektionen haben so gar nichts Frisches ... kein Apfelgrün, zum Beispiel, kein Apfelgrün ...
    MANCINI   *(zum Direktor)* Fra i campioni manca l'Apfelgrün ...

Herr Contadino versteht kaum, was gemeint ist.

    CONTADINO   Questi sono i colori della stagione quest' anno ...
    MANCINI   *(zu Paul)* Das sind die Farben der Saison dieses Jahr ...
    PAUL   Violett ist nicht ungefährlich.
    MANCINI   *(zu Contadino)* Dice che il violetto è pericoloso.
    CONTADINO   Perché?

MANCINI (*zu Paul*) Warum?
PAUL Frauen bringen sich in violetten Sitzgruppen um.
MANCINI (*zu Contadino*) Dice che le donne si suicidano... ehm...
PAUL Alleinstehende... alleinstehende Frauen...
MANCINI (*zu Contadino*) Le donne sole, abbandonate si suicidano sui divani viola...
CONTADINO Ah sì! A Torino un calciatore si è sparato sul suo divano, ma era giallo chiaro...
MANCINI (*zu Paul*) In Turin hat sich ein Fußballspieler auf seinem Sofa erschossen, aber das war gelb.
PAUL In welcher Farbe... äh... Sofafarbe... überleben denn die meisten?
MANCINI (*zu Contadino*) Ma qual' è il colore di divano... dove riescono di più a... sopravvivere?

Contadino nimmt seine Brille ab, schiebt den Bügel in den Mund und sieht Paul ratlos an.

93   *Trattoria. Innen. Tag.*

Die drei Arbeiter sitzen an einem Tisch hinter Margarethe und essen Brote. Sie stehen halb auf und recken die Hälse, als sie bemerken, daß sich Margarethe mit einem Teelöffel im Mund auf das Ei konzentriert.

In die atemlose Stille hinein gelingt es Margarethe, das Ei fehlerfrei zu balancieren. Gleichzeitig betritt Paul die Bar und erstarrt. Sie nimmt rasch Löffel und Ei aus dem Mund.
Die Arbeiter tun so, als hätten sie nichts gesehen.

    PAUL   Frau Tietze!

Margarethe, die das Geld schon neben den Kassenbon gelegt hatte, steht rasch auf und geht zu Paul.

MARGARETHE Das ist ja schneller gegangen, als ich dachte . . .
PAUL . . . Das finde ich auch . . .

Sie verlassen die Bar. Paul sieht sich noch einmal zu den Arbeitern um.

94 *Italienische Vorstadtlandschaft. Außen. Tag.*

Autofahrt zum Hotel.

PAUL Sie scheinen ja hier ganz gut zurecht zu kommen . . .
MARGARETHE . . . Ein netter, älterer Herr hat mich zum Schnaps eingeladen . . .
PAUL Und da mußten Sie zum Dank ein paar Kunststückchen machen . . . !
MARGARETHE . . . Die haben da alle mit Eiern balanciert . . .
PAUL Mamma und ich fahren seit zwölf Jahren nach Italien . . , Nie hat ein Italiener auf einem Löffel im Mund ein Ei balanciert!

95 *Nebenstraße zwischen einem Luxushotel und einer Pension. Blick auf die Pension. Außen. Tag.*

Der Leihwagen hält vor einer kleinen Pension. Über dem Eingang befindet sich ein Schild mit der Aufschrift ›Albergo Sole‹. Paul steigt aus und geht auf den Eingang zu. Auch Margarethe steigt aus, hat aber offensichtlich die gegenüberliegende Straßenseite im Auge.

MARGARETHE Donnerwetter, Herr Winkelmann, Sie leben nicht schlecht!

Sie geht nach links aus dem Bild.

PAUL Warten Sie, Frau Tietze, unser Hotel ist ...

Er zeigt hinter sich auf die Pension.

96 *Nebenstraße zwischen einem Luxushotel und einer Pension. Blick auf Luxushotel. Außen. Tag.*

Margarethe vor der Fassade des Luxushotels.

MARGARETHE Wahnsinnig!

Paul schlägt die Autotür zu und eilt – einen letzten Blick zurückwerfend – hinterher. Über die breite Aufgangstreppe ersteigen beide den opulenten Eingang des Luxushotels.

97   *Hotelhalle. Innen. Tag.*

Paul und Margarethe verharren einen Augenblick in ehrfurchtsvollem Staunen am Rande der großräumigen Hotelhalle. Dann tritt Paul an die Rezeption. Margarethe bleibt einen Schritt hinter ihm zurück.
Der Empfangschef bedient zunächst noch andere Gäste.

PAUL   *(zu Margarethe)* Am Wochenende ist immer ziemlich viel Betrieb . . .

EMPFANGSCHEF   *(zu Paul)* Was kann ich für Sie tun?

PAUL   Ich hätte gern . . .

Hinter Paul taucht ein weiterer Gast auf.

EMPFANGSCHEF   *(zum anderen Gast)* Gli orari può chiederli al portiere . . . (Die Fahrpläne sind beim Portier . . .)
(zu Paul) Entschuldigen Sie bitte.

PAUL   Ich hätte gerne zwei Einzelzimmer bis morgen . . .

EMPFANGSCHEF   Haben Sie reserviert?

PAUL   . . . Äh . . . nein . . . äh . . . es hatte sich grade erst so ergeben . . .

EMPFANGSCHEF   Mit Bad oder Dusche?

Er dreht sich zu Margarethe um.

PAUL   Mit Bad oder Dusche? Ich meine, es genügt wohl . . .

MARGARETHE   Oh, ja, mit Bad . . .

PAUL   *(zum Empfangschef)* Ja, mit Bad . . . eins mit Dusche . . . äh . . . in welcher . . . Preislage hätten Sie denn da? . . . Ich meine, gibt es da . . . äh . . .?

EMPFANGSCHEF   Mit Bad 320 000, mit Dusche 250 000 . . .

PAUL   . . . Das sind dann also . . . 490 . . . und 380 Mark . . . ach ja . . . Gott ja . . . warum nicht? . . .
Oder hätten Sie da noch was . . . äh . . . oder ist das mit Vollpension?

EMPFANGSCHEF   Wir sind fast ausgebucht, mein Herr, und die Preise verstehen sich ohne Frühstück.

PAUL   . . . Klar . . . ja, gut . . . wenn man schon unterwegs ist . . . ich meine, dann will man ja auch mal . . .

EMPFANGSCHEF   Darf ich um Ihre Pässe bitten?

Paul dreht sich um

      PAUL   *(zu Margarethe)* Ihren Paß, bitte ...

Paul nimmt ihren Paß und wendet sich wieder zur Rezeption.

EMPFANGSCHEF   Wünschen die Herrschaften eine Reservierung für das Ristorante?

Paul wendet sich an Margarethe.

      PAUL   Ob wir hier im Restaurant essen wollen ...?

Margarethe ist näher herangetreten.

      PAUL   Ich meine, wir essen heute abend ganz gemütlich drüben in der Pizzeria, oder möchten Sie lieber hier im Hause ...?

MARGARETHE   Ach ja, bleiben wir doch einfach hier . . .
PAUL   Hier . . . ja.

Paul wendet sich zum Empfangschef.

PAUL   Dann bitte zwei Plätze für heute abend im . . . äh . . . Restaurant . . .
EMPFANGSCHEF   Wie Sie wünschen. Ihre Zimmer sind gleich fertig. Vielleicht nehmen Sie noch einen Drink.

Der Empfangschef winkt einem Hausdiener.

EMPFANGSCHEF   *(zu Paul und Margarethe)* Ihr Gepäck wird sofort in Ihre Zimmer gebracht . . . *(zum Hausdiener)* Trecentodiciannove e trecentouno . . . (319 und 301 . . .)

Paul und Margarethe wenden sich zum Gehen.

98   *Hotelhalle und Sitzgruppe. Innen. Tag.*

Im Vordergrund zerrt eine elegante Mutter (35) ihr störrisches Mädchen (7) hinter sich her. Paul und Margarethe gehen auf eine Sitzgruppe zu, in der ein Herr einen Faltplan ausbreitet.
Margarethe setzt sich in einen Sessel daneben.

PAUL   Wir sollen uns noch einen Drink bestellen, bis die Zimmer fertig sind . . .
MARGARETHE   Dann hätte ich gern einen Milch-Shake mit Aprikose.
PAUL   Ich mach' das schon . . .

Paul sieht sich suchend um, glaubt einen Ober entdeckt zu haben und teilt ihm seine Wünsche mit.

PAUL   Mein Name ist Winkelmann, ich hätte gern einen Milchshake mit Aprikose und einen Campari-Soda . . .

Der Herr geht auf eine Dame im Abendkleid zu und küßt ihr die Hand.
Ein Empfangsgehilfe mit den Zimmerschlüsseln nähert sich Margarethe.

EMPFANGSGEHILFE Ich darf Sie jetzt in Ihre Zimmer begleiten . . .
MARGARETHE Ja . . . Dankeschön.

Sie steht auf, Paul schließt sich an.
Der Faltplan des Herrn hat sich sehr vergrößert.

99 *Hotel-Korridor. Innen. Tag.*

Paul und Margarethe treten aus dem Lift. Der Empfangsgehilfe begleitet sie durch
den Hotelkorridor zu Pauls Zimmer und schließt die Tür auf.

EMPFANGSGEHILFE Prego signore . . .

Margarethe und der Empfangsgehilfe machen Anstalten weiterzugehen.
Paul schließt sich an.

PAUL Ach, ich hätte doch ganz gern gesehen, wie Sie unterge-
bracht sind . . . Vielleicht möchten Sie ja auch lieber
mein Zimmer haben . . .
MARGARETHE . . . Jetzt gucken wir erst mal . . .

100 *Hotelzimmer Margarethe. Innen. Tag.*

Der Empfangsgehilfe, gefolgt von Margarethe und Paul, betritt ein erstaunlich
luxuriöses Zimmer.
Margarethe durchquert den Raum.

MARGARETHE Wie schön ! . . . Also, Sie haben schon einen sehr siche-
ren Geschmack !

Paul bemüht sich um weltmännische Haltung.

> PAUL   Ja, ich dachte mir, wenn man schon . . . ich meine, da sollte man . . . da sollte man nicht auf den Pfennig sehen . . .
>
> MARGARETHE   Und das Gepäck ist auch schon da . . .

Der Empfangsgehilfe geht.
Paul lehnt sich über das Bett, prüft mit einer Hand dessen Elastizität und streicht über die Tagesdecke.

> PAUL   . . . Das ist reine Baumwolle mit 'ner Beimischung von höchstens zehn Prozent . . .

Er hat den Kühlschrank entdeckt.

> PAUL   . . . Und das ist der KB 30 mit Eisfach . . . den hab ich zu Hause . . . nur, der hier ist in Mahagoni . . . Es gibt auch das 50-Liter-Modell mit etwas höherem Stromverbrauch . . . Das könnte ich Ihnen mit *(er kalkuliert kurz)* zwanzig Prozent Nachlaß besorgen . . .

Margarethe ist in den angrenzenden Wintergarten getreten und sieht träumerisch aus dem Fenster.

> PAUL   Ich glaube, Sie hören mir gar nicht zu!

Er folgt ihr in den Wintergarten. Margarethe dreht sich um.

> MARGARETHE   *(träumerisch)* Doch . . . Sie wollen mir was besorgen . . .

Sie gehen langsam durch den Wintergarten. Die Atmosphäre hat die rührende Peinlichkeit der Annäherung zweier in Liebesdingen ungeübter Personen.

> PAUL   Ich könnte Ihnen den KB 50 mit zwanzig Prozent besorgen . . .
>
> MARGARETHE   Ach ja, natürlich, das ist sehr nett . . .
>
> PAUL   Nein-nein . . . das ist ganz selbstverständlich . . . ich wollte . . .
>
> MARGARETHE   . . . Ich hatte es nur akustisch nicht verstanden . . .
>
> PAUL   Macht ja nichts . . . es war ja auch nicht wichtig . . .

MARGARETHE   Doch-doch...

Betretenes Schweigen. Sie treten wieder in das Zimmer. Die Peinlichkeit nähert sich ihrem Höhepunkt.

PAUL   Tja... Dann gucke ich mal rüber in mein Zimmer...
MARGARETHE   ...Ich muß ja auch noch auspacken...
PAUL   Ich rufe Sie an...
MARGARETHE   ...Oder ich rufe Sie an...
PAUL   ...Ich könnte auch vorbeikommen...
MARGARETHE   ...Aber dann rufen Sie mich vorher an...
PAUL   ...Und wir gehen dann zusammen runter...
MARGARETHE   Ja...
PAUL   Wenn es Ihnen so recht ist...
MARGARETHE   Ja... aber ich rufe Sie an, wenn ich fertig bin...
PAUL   Ja... gut... gut...

Er verläßt das Zimmer.
Margarethe dreht sich nachdenklich in den Raum, geht auf das Bett zu, wobei sie erst den einen, dann den anderen Schuh abstreift, und stellt sich auf das Bett.
Dann läßt sie sich flach darauf fallen.

101   *Hotelkorridor. Innen. Tag.*

Paul auf dem Weg in sein Zimmer. Er schwenkt in kindlichem Übermut seinen Mantel durch die Luft und stößt Trompetentöne aus. Angesichts einer zu spät bemerkten alten Dame verstummt er abrupt.

102   *Hotelzimmer (Paul). Innen. Tag.*

Paul betritt sein Zimmer. Dem perfekten Hotelservice hat er zu verdanken, daß nicht nur sein Koffer, sondern auch die Kiste mit leeren Flaschen aus dem Familienbesitz seines italienischen Agenten hinderlich neben seinem Bett steht.
Beim Auspacken des Koffers kommt außer Fotoapparat und Hemden auch Mammas Bild im Silberrahmen zum Vorschein, das er fürsorglich mit dem Ärmel reinigt. Um die Hemden zu verstauen, beabsichtigt er, eine kleine Kommode in gewohnter Weise zu öffnen. Die Schublade erweist sich jedoch als überraschend leichtgängig. Sie fliegt heraus und hängt an seiner Hand.

103   *Hotelrestaurant. Innen. Abend.*

Sehr feine, gedämpfte Atmosphäre im hoteleigenen Restaurant.
Am Nebentisch von Paul und Margarethe wird einem Ehepaar serviert, wobei die Wärmedeckel mit elegantem Schwung abgehoben werden. Paul und Margarethe sitzen sich an einem kleinen Tisch gegenüber. Zwei Gläser Weißwein und Wasser sind eingegossen. Jeder ist in das Lesen seiner Speisekarte vertieft.

      PAUL   Herr Ober!

Er wendet sich kurz zu Margarethe.

      PAUL   Ich mach' das schon . . .
      OBER   Prego signore . . .

PAUL Wir hätten gern eine große Portion Spaghetti Carbonara und einmal Tagliatelle Funghi...
OBER Wir haben französische Woche... alles, was auf der Karte ist...

Margarethe sieht in die Karte.

PAUL ...Die haben französische Woche...
MARGARETHE Können Sie mir sagen, was eine ›Poitrine de beau voyage‹ ist...?
PAUL Äh... nicht direkt... Herr Ober!
OBER Bitte...
PAUL Was ist wohl eine ›Poitrine de beau voyage‹?
OBER Das ist eine ›Sûprème chevreux à la soubris gratinata‹...
PAUL Ah, ja...

Er wendet sich zu Margarethe.

PAUL ...Das ist eine ›Sûprème chevreux à la soubris überbacken‹...

Er wendet sich an den Ober.

PAUL ... So war es doch?

OBER Ja.

MARGARETHE ... Und eine ›Mousse Rabelais à la laysanne‹?

OBER Das ist eine ›Queue d'ecrivisage en sauce poupoulcorouse‹.

PAUL ... Pou ... was?

OBER Poupoulcorouse.

PAUL Was ist denn das?

Der Ober überlegt ebenso angestrengt wie erfolglos.

OBER ... Moment ...

Er flüstert mit dem Restaurantchef, dieser zuckt ratlos mit den Schultern.
Der Ober tritt an den Tisch von Paul und Margarethe zurück.

OBER ... Das ist eine ›Timbalette volaille aux fines herbes avec
pommerol dauphinoisette du crème à la Louis Qua-
torze‹ ...

MARGARETHE Na ja, dann nehmen wir das doch einfach ...

PAUL Also zwei mal die Visage de ... äh ... die Queue de
visage mit der Soße ...

OBER Poupoulcorouse ...

PAUL Bitte.

Der Ober nimmt die Speisekarten, verbeugt sich und geht. Paul nimmt seine Brille
ab und lächelt Margarethe an.

MARGARETHE ... Reisen Sie oft ins Ausland?

PAUL Ja ... Mamma und ich kommen viel rum!

MARGARETHE ... Ich habe in meiner Praxis verschiedene Herren, die
sich auch sehr gut mit ihrer Mutter verstehen ...

PAUL Mit meiner Mutter?!

MARGARETHE Nein ...

PAUL Ach so ...

MARGARETHE ... In der Mutter-Sohn-Beziehung bezieht sich ja der
Sohn ... das heißt ... die Mutter ist in ihrer Bezug-
nahme hinsichtlich des Sohnes ... auf den ... auf den
Sohn ... bezogen ...

PAUL Wie schön Sie das gesagt haben ... die Mutter ist ja wohl der Schoß ... also der Mittelpunkt ...

Die Dame vom Nebentisch wendet sich an den Ober.

DAME Hören Sie mal, Herr Ober ... in unserem Kühlschrank in Zimmer Nummer 318 befinden sich immer nur halbe Flaschen ...

Auf das Stichwort ›Kühlschrank‹ wendet sich Paul dem Ehepaar zu.

OBER Ich werde es dem Etagenservice sagen ...
MARGARETHE *(flüsternd)* Deutsche!
PAUL *(zur Dame am Nebentisch)* In den KB 30 gehen nur halbe Flaschen ...
DAME Bitte ...?
PAUL Entschuldigen Sie ...

Das Paar am Nebentisch starrt Paul an, der sich halb erhebt.

PAUL Winkelmann ...
HERR Was is'?
DAME Winkelmann!

Das Ehepaar ißt weiter und deutet durch seine Haltung an, daß es an einer Fortsetzung des Gesprächs nicht interessiert ist.

MARGARETHE   *(zu Paul)* . . . Ich möchte Ihnen . . . ich spreche eigentlich nie darüber . . . Aber ich habe zu meiner Mutter eine ganz andere Beziehung . . . ich glaube, sie hat mich nie besonders geliebt . . . und ich habe . . .

PAUL   Ach, bitte, merken Sie sich, was Sie sagen wollten . . .

Margarethe ist sprachlos.
Paul wendet sich wieder zum Nebentisch.

PAUL   . . . Aber der KB 50 ist für ganze Flaschen . . . liegend und stehend!

Paul wendet sich wieder zu Margarethe.

PAUL   . . . Ja . . . ?

MARGARETHE   . . . Das war mir als Kind gar nicht so bewußt . . .

PAUL   *(zum Nebentisch)* . . . Ich könnte Ihnen da Prospektmaterial zukommen lassen . . . *(zu Margarethe)* . . . Entschuldigen Sie . . .

MARGARETHE   Is' schon gut . . .

Der Ober serviert zwei große Teller.

OBER   La ›Queue d'ecrivisage poupoulcorouse‹ . . .

MARGARETHE   Danke schön . . .

PAUL   Oh, vielen Dank . . .

Paul betrachtet das offenbar winzige Gericht.

PAUL   Das . . . äh . . . sieht sehr übersichtlich aus . . .

Sie beginnen zu essen.

104   *Hotelkorridor. Innen. Abend.*

Paul und Margarethe treten aus dem Lift.

        PAUL   Und . . . ich habe viele Menschen kennengelernt . . . aber außer Mamma und Tante Mechthild hat niemand ›Paul‹ zu mir gesagt . . .

Hysterisches Kreischen auf der anderen Seite des Korridors läßt Paul und Margarethe stehenbleiben.
Ein bejahrter Casanova und eine aufgedonnerte Blondine galoppieren in alberner Triebhaftigkeit über den Korridor.
Paul und Margarethe setzen ihren Weg fort.

        PAUL   Also keine Frau . . . keine fremde Frau hat ›Paul‹ zu mir gesagt . . .
MARGARETHE   . . . ›Paul‹ hat ja auch was sehr Intimes . . .

Das triebhafte Paar im Hintergrund gibt ein neues Beispiel zügelloser Fleischeslust. Paul und Margarethe sind an Margarethes Zimmertür angelangt. Margarethe schließt auf, tritt ein und dreht sich zu Paul um.

    BEIDE Tja ...

Sie will die Tür schließen.

    PAUL Und wenn ich Sie nun bitten würde, Paul zu mir zu sagen ...
    MARGARETHE Aber nur, wenn Sie dann auch Margarethe zu mir sagen mögen ...
    PAUL Tja dann ...
    MARGARETHE Gute Nacht ...

Sie schließt die Tür.

    PAUL Gute Nacht ...

Kreischend und türenschlagend verschwinden die erotisierten Gegenspieler in Pauls Nachbarzimmer.

105   Hotelzimmer Paul. Innen. Nacht.

Paul liegt im Bett. Das lebensfrohe Gekicher aus dem Nebenzimmer versetzt ihn in eine gewisse Nachdenklichkeit.

106   *Hotelzimmer Paul. Innen. Tag.*

Paul schreibt die letzten Buchstaben der Worte ›Guten Morgen‹ auf ein Blatt Papier. Dann steht er vom Schreibtisch auf und verläßt das Zimmer.

107   *Hotelkorridor. Innen. Tag.*

Paul geht den Korridor entlang und bleibt vor Margarethes vermeintlichem Zimmer stehen, um ihr seinen Morgengruß unter der Tür durchzuschieben. Er bückt sich, hört Schritte und richtet sich rasch wieder auf. Am Ende des Korridors stört ein Zimmerkellner. Nach seinem Verschwinden schiebt Paul das Blatt unter der Tür hindurch. Gleichzeitig kommt aus der gegenüberliegenden Tür das Ehepaar vom Nebentisch. Paul fühlt sich ertappt.
Danach lauscht er kurz und entschließt sich, auf seinen Morgengruß akustisch aufmerksam zu machen. Er neigt seinen Kopf dicht an die Türritze.

PAUL   Kuckuck...

Da er nichts hört, wiederholt er seinen Lockruf.

PAUL   Kuckuck...

Die Tür wird aufgerissen, Paul wird an Schlips und Kragen hineingezerrt.

PAUL   Oh... entschuldigen Sie bitte...

108   *Hotelzimmer der Mafiosi. Innen. Tag.*

Ein bedrohlich aussehender Mafioso ohne Jackett mit deutlich sichtbarer Schußwaffe hält Pauls Zettel in der Hand.

Der Mafioso schließt die Tür, dreht Paul mit hartem Griff zur Wand und tastet ihn schnell und routiniert nach Waffen ab.

   PAUL Ich bin irrtümlich . . .
 1. MAFIOSO Zitto! (Halt die Klappe!)

Im Hintergrund des verrauchten Zimmers sind drei weitere, teils sitzende, teils stehende Mafiosi zu sehen, die ihren Blick zur Tür gerichtet haben.

 2. MAFIOSO È il frocio?
        (Ist es die Tunte?)
 1. MAFIOSO No . . .
 2. MAFIOSO E cosa vuole?
        (Was will er?)
 1. MAFIOSO C'è scritto ›Guten Morgen‹ . . .
        (Hier steht ›Guten Morgen‹ . . .)
 2. MAFIOSO E che significa?
        (Was soll das heißen?)
 1. MAFIOSO *(zu Paul)* Cosa significa?
        (Was heißt das?)

PAUL   Mein Name ist Winkelmann...
2. MAFIOSO   Buttalo fuori...
(Schmeiß ihn raus...)

Der erste Mafioso stößt Paul zur Tür hinaus.

109   *Hotelkorridor. Innen. Tag.*

Paul prallt hart gegen die gegenüberliegende Korridorwand. Gleichzeitig tritt Margarethe aus ihrem Zimmer und bleibt konsterniert stehen.

MARGARETHE   Guten Morgen...
PAUL   Guten Morgen...

110 *Italienische Parkanlage. Außen. Tag.*

Paul und Margarethe schlendern eine Freitreppe herunter.

MARGARETHE ... Ich wüßte überhaupt nicht, wie ich mich in solchen Situationen verhalten würde ... die waren doch schwer bewaffnet ...

PAUL ... Man muß die Leute durch sicheres Auftreten aus dem Konzept bringen ... die merken dann sofort, daß man ihnen sozusagen überlegen ist ...

Paul tritt nach einer leeren Blechdose und verfehlt sie.

MARGARETHE ... Aber zwanzig gegen einen?

PAUL ... Ich muß nur aufpassen, daß ich mich nicht zu Gewalttätigkeiten hinreißen lasse ...

Sie lehnen sich an die Brüstung des Treppenabsatzes. Es kommt Verlegenheit auf.

MARGARETHE ... Irren Sie sich eigentlich häufiger mal in der Tür? ... Oder könnte es sein, daß Sie die richtige Tür gar nicht finden wollen?

PAUL Bitte?

Sie gehen weiter die Treppe hinunter.

MARGARETHE ... Wenn man durch die Öffnung des Anderen den Weg finden will ... aus der eigenen Mitte in die Mitte des Anderen ... zur Verwirklichung des Ich ... des ganzheitlichen Ich ... auf dem Wege der Selbstfindung durch die Tür zum Du ... also vom eigenen Ich zum Du des Anderen ...

Der Blick Margarethes fällt auf einen kleinen Hund, der nur auf seinen Vorderbeinen geht. Sie ist irritiert.

MARGARETHE ... zum anderen Du kommt ... oder ... finden ... äh ... finden will ... das ist dann die Tür ... die offene Tür ... die richtige Tür-Öffnung ...

135

Paul zupft im Vorbeigehen ein Blatt ab und betrachtet es nachdenklich.

PAUL   ... Ich weiß, was Sie meinen ...

Der auf seinen Vorderbeinen gehende Hund kreuzt ihren Weg.

PAUL   ... ein Blatt hängt neben dem anderen ... wie Sie und ich ... so klein und grün ... eins fällt vom Baum ... wie ein Fisch ... oder wie ein Vogel ... der an unsere Tür klopft ... Wunderbar ist das alles ...

Paul macht Anstalten, Margarethe zu fotografieren.

MARGARETHE Paul...
PAUL Ja, Mamma...Ma...Ma...Margarethe...?
MARGARETHE Ich möchte gern, daß Sie mit auf dem Bild sind...
PAUL Moment...

Er wendet sich einem Passanten zu, der mit einem größeren Pappkarton und einer Aktentasche in der Nähe vorbeigeht.

PAUL Hallo...scusi...

Der Passant bleibt stehen. Paul zeigt auf seinen Fotoapparat.

PAUL ... Fotografia ... la signora ... e me ...

Der Passant stellt Pappkarton und Aktentasche auf den Boden.

PASSANT Ah! ... Sì ...

Paul begibt sich zu Margarethe, die sich auf die Treppenstufen gesetzt hat.
Margarethe läßt Paul die Handtasche halten, um Kleidung und Haar zu ordnen.
Paul behält sie zum Foto in der Hand.
Im Hintergrund redet ein dicker Tourist in kurzer Hose gestikulierend auf einen Geistlichen ein.
Paul winkt dem Passanten, etwas mehr zur Mitte zu treten.

PAUL Signor ... per favore ...

Es fällt ein Schuß, durch den das Gezwitscher eines Vogels, das zuvor die Szene begleitet hatte, abrupt beendet wird.

111   *Bahnhofshalle. Innen. Tag.*

Paul und Margarethe eilen durch die erstaunlich leere Bahnhofshalle. Paul ist mit verpackten Stoffmusterballen beladen. Sie gehen in Richtung auf eine Gruppe von Gepäckträgern, die diskutierend zusammen stehen und mit einem Transistorradio dramatische Szenen eines Fußballspiels verfolgen.

MARGARETHE   Fliegen denn heute überhaupt keine Maschinen?
PAUL   Doch . . . nur nicht in Italien . . .
MARGARETHE   Mein' ich ja . . .

Paul spricht einen der Träger an.

PAUL   . . . Scusi . . . bagaglio . . .

Der Gepäckträger macht eine abwehrende Handbewegung.

TRÄGER   Nix . . .

Er wendet sich wieder seinen Kollegen zu.
Paul und Margarethe stellen ihr Gepäck ab. Paul entnimmt seiner Brieftasche ein paar Tausend-Lire-Scheine und steckt sie dem Gepäckträger zu.

    PAUL ... Il treno per Germania ... treno per Brennero ... Zug nach Deutschland, drei Uhr fünfzig ... tre cinquanta ...

Der Gepäckträger zögert erst, nimmt dann das Gepäck auf und setzt sich in Bewegung.
Paul und Margarethe folgen ihm.

    PAUL ... Sehen Sie, das liebe ich am Südländer ... seine Einstellung zur Arbeit ist locker ... nicht so verbissen wie bei uns ... nicht mal Geld wollte er nehmen ...

    MARGARETHE ... seine Freunde sind ihm wichtiger als seine Arbeit ... davon können wir noch was lernen!

Sie sind auf dem Bahnsteig angekommen. Paul sieht am Gleis entlang und auf die Uhr.

PAUL   Der Zug müßte längst da sein ... Dov'è il treno?

Der Träger lädt das Gepäck von seinem Karren auf den Bahnsteig und macht eine verneinende Geste mit dem Zeigefinger.

TRÄGER   Heute nix treno ...

Paul und Margarethe erstarren.

TRÄGER   Äh ... sciopero ... come si dice ... Streik! ...

Er nimmt den Karren in die Hand und macht Anstalten zurückzugehen.

PAUL   Moment! M o o o m e n t! Wer oder was streikt denn nun?!

Der Gepäckträger bleibt stehen.

PAUL   ... Ich will Ihnen mal was sagen, guter Freund ... mein Name ist Winkelmann ... und ich habe keinen Sinn für solche Witze ...

Paul holt Kleingeld aus der Jackett-Tasche, der Gepäckträger lädt das Gepäck wieder auf.

MARGARETHE Es hat gar keinen Zweck, sich aufzuregen . . . wir fahren jetzt erstmal zum Flughafen . . .

Paul steckt dem Träger im Vorbeigehen ein paar Scheine in die Tasche. Der Träger fährt das Gepäck wieder zurück, wobei er eine Arie singt.
Paul und Margarethe schließen sich an.

PAUL Na . . . dem hätte Mamma was erzählt . . .
MARGARETHE . . . Nun tun Sie mir mal einen großen Gefallen, und stecken Sie sich Ihre Mutter an den Hut!
PAUL . . . Nicht an den Hut . . . Frau Tietze . . . nicht an den Hut!

112 *Flugzeug. Innen. Tag.*

Paul und Margarethe sitzen in der Maschine. Eine Stewardess kontrolliert von hinten kommend die Fluggäste. Paul studiert eine Drucksache mit Sicherheitsmaß-nahmen. Sein Hemdkragen sitzt unkorrekt.

PAUL Es wird empfohlen, das Flugzeug über eine Rutsche zu verlassen . . .

Margarethe wühlt in ihrer Handtasche.

MARGARETHE Wieso . . . wir sind doch grade erst eingestiegen . . .
PAUL Mamma sagt immer, daß Materie an sich gar nicht fliegen kann . . .!
MARGARETHE Ach, ja?
PAUL . . . Sehen Sie . . . dieser Polstersessel ist absolut unfähig zu fliegen . . .
MARGARETHE Er fliegt aber doch!
PAUL Das ist ja eben der Wahnsinn!

113   *Flugzeug. Außen. Tag.*

Die Maschine hebt von der Piste ab und steigt steil auf.

        PAUL   ...Hundertfünfzig fliegende Polstersessel mag man sich
                   ja nicht mal im Traum vorstellen...

114   *Flugzeug. Innen. Tag.*

Paul schläft ein. Margarethe korrigiert zärtlich seinen Hemdkragen.

145

115   *Muttertraum.*

Paul träumt seinen Muttertraum. Mutter und Sohn schweben mit liebevoll ausge-
streckten Armen aufeinander zu.
Kurz bevor sie sich erreichen, geraten Pauls Hände in eine Auf-und-ab-Bewegung,
die ihn daran hindert, seiner Mutter das Hütchen über den Kopf zu ziehen.

116   *Flugzeug. Innen. Tag.*

Paul erwacht an der Seite Margarethes in seinem Sessel mit einer hüpfenden, durch
die Landung des Flugzeugs verursachten Bewegung.

117   *Flugzeug. Außen. Tag.*

Unruhiges Aufsetzen der Maschine.

118   *Wohnzimmer und Flur Mutter Winkelmann. Innen. Tag.*

Paul betritt den Flur, über dem Arm seinen Mantel, in der Hand einen spärlichen
Blumenstrauß in Zellophan. Er bleibt an der Treppe stehen.

      PAUL   *(laut)* Mamma . . .

Da ihm niemand antwortet, geht er suchend ins Wohnzimmer.

PAUL *(leise)* Mamma...

Er kehrt in den Flur zurück, legt den Mantel auf einen Stuhl, läuft die Treppe hinauf und öffnet die Tür seines alten Kinderzimmers.

119   *Pauls Kinderzimmer. Innen. Tag.*

Paul betritt das Zimmer und bleibt stehen.

PAUL *(leise)* Mamma...

Er geht zum Fenster und zieht die Vorhänge auf.

Beim Verlassen des Raumes fällt sein Blick auf einen fremden Herrn, der angezogen auf dem Bett liegt und offensichtlich gerade erwacht.
Paul ist starr vor Staunen und stürzt hinaus.

120 *Flur Mutter Winkelmann. Innen. Tag.*

Paul bleibt oben auf dem Treppenabsatz stehen.

      PAUL   *(schreit)* Mamma!

Er hastet die Treppe herunter.

121 *Wohnzimmer Mutter Winkelmann. Innen. Tag.*

Paul eilt ins Wohnzimmer und sieht sich suchend um.
Seine Mutter ist im angrenzenden Wintergarten mit dem Gießen ihrer Pflanzen
beschäftigt.

MUTTER WINKELMANN	Ach . . . läßt der Herr sich auch mal wieder sehen . . . ? Hat deine Frau Doktor dir freigegeben . . . ?!
PAUL	. . . Da ist ein Herr in meinem Zimmer . . .
MUTTER WINKELMANN	. . . Du brauchst dich überhaupt nicht zu entschuldigen . . .
PAUL	Mamma . . . da ist ein . . .
MUTTER WINKELMANN	. . . Du bist ein erwachsener Mensch, und ich freue mich immer, wenn du was vorhast . . .
PAUL	Wer ist dieser Herr?
MUTTER WINKELMANN	Das ist Herr Weber.
PAUL	Herr Weber . . . ?
MUTTER WINKELMANN	Ja.

Mutter Winkelmann ruft aus der Tür.

MUTTER WINKELMANN ...Herr Weber! Mein Sohn möchte Sie gerne begrüßen!
PAUL ...Das muß jetzt wirklich nicht sein...

Weber tritt in die Wohnzimmertür mit einem Stapel Hemden über dem Arm. Er klopft an den Rahmen und tritt vorsichtig näher.

MUTTER WINKELMANN Das ist Herr Weber... Mein Sohn...
WEBER Angenehm...
PAUL Guten Tag...
MUTTER WINKELMANN Bitte setzen Sie sich doch, Herr Weber...
WEBER Vielen Dank, aber ich möchte nicht stören...

Er setzt sich auf die Vorderkante eines Sessels, legt die Hemden auf seinen Knien ab und sieht unsicher von einem zum anderen. Mutter Winkelmann gießt weiter ihre Pflanzen.

MUTTER WINKELMANN Herr Weber ist Musiker... Wir wollen zusammen musizieren...

PAUL   Pappas Bild steht auf dem Flügel . . .

MUTTER WINKELMANN   . . . Mein Mann ist vor acht Jahren gestorben . . .

Betretenes Schweigen.

WEBER   . . . Ich hätte da noch die Hemden . . .

MUTTER WINKELMANN   Herr Weber war so freundlich, deine Hemden zu bügeln . . .

Paul sieht sprachlos auf seine Hemden in Webers Armen.

MUTTER WINKELMANN   . . . Er hat da was herausgefunden . . . Erzählen Sie doch mal, Herr Weber . . .

WEBER   *(stockend)* Man muß den Kragen . . . also den Hemdkragen von hinten . . . äh . . . von der Mitte aus zu den Seiten bügeln . . . damit die Öffnung nicht enger wird . . . am Hals . . .

MUTTER WINKELMANN   Herr Weber ist mir eine große Hilfe . . .

PAUL   Ach . . .

WEBER   Ja . . . dann . . .

Er steht auf, legt die Hemden auf den Tisch und zieht sich mit einer leichten Verbeugung verlegen zurück.

MUTTER WINKELMANN   Herr Weber! Soll ich Ihnen für heute abend noch was von dem Püree aufbraten?

Weber, halb in der Tür, dreht sich um.

WEBER   Wenn 's nur 'ne Kleinigkeit sein dürfte . . . und ohne Soße, bitte . . .

Er geht.

PAUL   . . . Wieso bügelt Herr Weber meine Hemden?! . . . Wieso wird ihm was aufgebraten?!

MUTTER WINKELMANN   Ich habe dich auch nicht nach Frau Tietze gefragt . . .

PAUL   . . . Ich habe Frau Tietze nichts aufgebraten . . .

MUTTER WINKELMANN   . . . Und was war mit dem Hefezopf?

PAUL   . . . Ich habe Herrn Weber in meinem Bett überrascht!

MUTTER WINKELMANN   Herr Weber ist mein Untermieter!

122   *Straße. Außen. Tag.*

Paul bemerkt im Gehen eine vor ihm liegende leere Blechdose.
Er trifft sie gezielt mit dem rechten Fuß, bleibt überrascht stehen und setzt seinen
Weg erst fort, nachdem er sich vom Erstaunen über seinen Erfolg erholt hat.

123   *Künstlereingang Vorstadttheater. Außen. Tag.*

Am Künstlereingang des Vorstadttheaters trifft Paul auf einen Garderobier im
weißen Kittel, der mit sperrigen Styroporteilen und Kostümen im Arm gerade aus der
Tür kommt.

PAUL   Ach, Entschuldigung, finde ich hier die Künstler von
der Veranstaltung der Firma Kunststoffmeier?

Der Garderobier macht eine Kopfbewegung in Richtung auf die Tür.
Paul tritt ein.

124   *Vorstadttheater. Innen. Tag.*

Die Vorstellung ist im Gang. Rudi und die sechs Ballettdamen mühen sich auf der
Bühne.

RUDI   *(singt)* Die Firma Kunststoffmeier
legt Kunststoffeier
aus Polyvinylchlorid . . .
Herr Meier hat da schon den richtigen Dreh . . .
er sagt, die Welt wird schöner durch . . . P – V – C!

155

In der Garderobe wartet Margarethe auf ihren Auftritt und memoriert nervös ihren Text. Paul spricht gedämpft auf sie ein.

MARGARETHE ... und ob mich einer oder keiner liebt ...

PAUL ... Sie hat ihn gefragt, ob sie ihm Püree aufbraten soll ...

MARGARETHE *(abwesend)* Püree ...

PAUL Ja ...

INSPIZIENT Ihr Auftritt!

MARGARETHE Wieso Püree?

PAUL Meine Mutter hat einen Untermieter ...!

RUDI *(singt)* Meine Schwester heißt Polyester,
die lutscht nun schon bald neun Jahre
immer denselben gelben Plastikbonbon ...
Das ist eben Spitzenware!
Ja, meine kleine Schwester,
die Polyester, liebt Po – ly – ä – thy – len ... ha!

Der Inspizient ist stark beansprucht, bedient verschiedene Leuchtknöpfe und spricht in ein Mikrofon.
Paul steht störend neben ihm, ohne das Geschehen auf der Bühne zu beachten.

INSPIZIENT Herr Pisanelli, Herr Pisanelli ...

PAUL ... meine Mutter kann doch Untermieter haben, soviel sie will ...

Der Inspizient wendet sich an den vorübergehenden Garderobier, der ein abmontiertes Waschbecken trägt.

INSPIZIENT Wo ist denn der Mann mit der Zwergziege?

GARDEROBIER Wer?

Der Inspizient drückt auf einen Knopf und spricht ins Mikro.

INSPIZIENT Herr Pisanelli ... Herr Pisanelli ...?

PAUL ... Sie ist ein erwachsener Mensch ... Aber nicht so! ... So nicht!

CHOR *(singt)* Wir pflegen unsern Körper
mit Styropor,
mit echtem Polyplast
und Polyamid!

Margarethes Auftritt auf der Treppe.
Um Haltung bemüht steigt sie herab und gerät nach den ersten Treppenstufen ins
Stolpern.

MARGARETHE *(singt)* . . . und ob mich einer oder
keiner liebt . . . mir egal !

PAUL *(zum Inspizienten)* . . . Mamma war früher Sängerin . . .

Der Inspizient wirft ihm einen entnervten Blick zu.

MARGARETHE *(singt)* Seine Schwester heißt Polyester . . .
die lutscht nun schon bald

RUDI und MARGARETHE *(singen gleichzeitig)* . . . neun Jahre . . .

MARGARETHE *(singt)* . . . immer dasselbe gelbe Plastik-Püree !

Sie gerät wegen ihres Versprechers kurz aus der Fassung.

RUDI *(singt)* Das ist eben Spitzenware !

RUDI und MARGARETHE *(singen)* Ja, meine (seine) kleine Schwester,
die Polyester,
liebt P . . . V . . . C . . . ! . . . Ha !

Es wird nur vereinzelt geklatscht. Rudi und Margarethe verharren in der Schlußpose
des Tanzes und warten vergeblich auf Beifall.

125   *Künstlereingang Vorstadttheater. Außen. Tag.*

Künstlereingang des Theaters.
Margarethe verläßt in ernüchterter Stimmung das Theater durch den Hinterausgang,
gefolgt von Paul.

MARGARETHE   Verklemmte Diplompsychologin tanzt sich frei ! Ha . . .
ha . . . ha . . . !

PAUL   Mamma singt mit ihm . . . und macht ihm jeden Tag eine
warme Mahlzeit ! . . .

Margarethe reagiert nicht.

PAUL Margarethe!

MARGARETHE . . . Ich höre genau zu . . . Ihre Mutter singt und macht jeden Tag eine warme Mahlzeit . . .

PAUL . . . Wie finden Sie denn das?

Margarethe tanzt rückwärts vor Paul her.

MARGARETHE *(singt)* . . . meine Schwester heißt Polyester . . .

Sie stößt beinahe mit Herrn und Frau Schröder zusammen.

FRAU SCHRÖDER Guten Tag, Frau Tietze . . .

MARGARETHE Ach, guten Tag . . .

SCHRÖDER Guten Tag . . .

MARGARETHE . . . Das ist Herr Winkelmann . . . Herr und Frau Schröder . . .

PAUL Guten Tag . . .

Die beiden Paare schieben sich verlegen aneinander vorbei.

SCHRÖDER Ja, dann . . .

MARGARETHE Auf Wiedersehen . . .

SCHRÖDER Auf Wiedersehen, Frau Tietze . . .

MARGARETHE Auf Wiedersehen . . .

SCHRÖDER Auf Wiedersehen . . .

FRAU SCHRÖDER Auf Wiedersehen . . .

PAUL Auf Wiedersehen . . .

Beide Paare setzen ihren Weg fort.

126 *Wohnzimmer Eltern Tietze. Innen. Tag.*

Paul, Margarethe und Mutter Tietze sitzen beim Tee. Mutter Tietze betrachtet Paul scheu von der Seite.
Auf dem Tisch steht außer dem Teegeschirr eine Schale mit Keksen.
Peinliche Stille.

MUTTER TIETZE Darf Herr Winkelmann eine Tasse Tee . . . ?

MARGARETHE . . . Möchten Sie eine Tasse Tee?

PAUL . . . Oh, ja, gern . . . und wenn Sie etwas heißes Wasser hätten . . .

Mutter Tietze gießt Paul Tee und Wasser ein.

MARGARETHE Warum soll er denn keinen Tee dürfen?

MUTTER TIETZE . . . Es könnte ja sein, daß Herr Winkelmann grade was eingenommen hat . . .

MARGARETHE . . . Was eingenommen?

MUTTER TIETZE . . . Na, ich weiß ja nicht, wie diese Dinge heute behandelt werden . . . bei der einen Cousine von mir . . . du weißt ja . . . die Schwester von Onkel Hoppe . . . also, keine direkte Verwandtschaft . . . die kriegte damals Kälteschocks . . .

Paul bewahrt kanpp seine Fassung und beginnt Kekse zu essen.

MARGARETHE Mutti, Herr Winkelmann . . .

MUTTER TIETZE . . . Und eben sehr schwere Beruhigungsmittel, die gar nicht geholfen haben . . . aber ich weiß noch, wir haben sie ja besucht, bevor sie in die geschlossene Abteilung kam, die durfte überhaupt keinen Tee . . . oder Kaffee . . .

Paul bemüht sich vergeblich, einen aus dem Mund fallenden Keks möglichst unbemerkt abzufangen.

MUTTER TIETZE . . . und keinen Alkohol . . .

MARGARETHE Mutti . . . Herr Winkelmann ist nicht bei mir in Behandlung . . .

MUTTER TIETZE . . . Das ist sehr vernünftig . . . ! Bitte, Herr Winkelmann,

	verstehen Sie mich nicht falsch, aber meine Tochter macht so was ja auch nur nebenbei . . .
MARGARETHE	Mein Gott! Herr Winkelmann ist überhaupt nicht in Behandlung!

Mutter Tietze erstarrt.

MUTTER TIETZE	. . . Das finde ich unverantwortlich! . . . Aber heutzutage muß man sich ja wohl an vieles gewöhnen . . .

Vater Tietze tritt zur Tür herein.

VATER TIETZE	Gerda . . . Ach, Tach, Margarethe . . .
MUTTER TIETZE	. . . Das ist Herr Winkelmann . . .

Paul erhebt sich halb und setzt sich wieder hin.

VATER TIETZE	Tietze. Gerda, weißt du, wo diese Zahnpastatube gelegen hat?

MUTTER TIETZE . . . Ich möchte das im Moment bitte nicht wissen . . .
Wasch dir die Hände und setz dich zu uns!

Vater Tietze schließt beleidigt die Tür.
Es entsteht eine peinliche Pause, in der Mutter Tietze Paul mit Blicken bedenkt, die
deutlich machen, daß sie ihn trotz Margarethes gegenteiliger Beteuerungen für nicht
geheuer hält.
Sie räuspert sich wiederholt und sieht Margarethe vielsagend an.
Paul wagt in der peinlichen Atmosphäre kaum, den Keks, den er im Mund hat,
weiterzuessen.

MARGARETHE . . . Herr Winkelmann ist Inhaber eines Möbel- und
Dekorationsgeschäftes . . .
MUTTER TIETZE . . . Ach? Sie haben einen Laden . . . ?

Paul nickt wortlos, da ihm der Keks im Mund das Sprechen verbietet.
Vater Tietze kommt herein und setzt sich dazu.

VATER TIETZE . . . Was hat Herr Winkelmann?
MUTTER TIETZE Herr Winkelmann ist nicht in Behandlung, aber er hat
einen Laden . . .
VATER TIETZE . . . Vielleicht kriege ich trotzdem mal 'ne Tasse Tee . . .

Margarethe kommt dem Wunsch ihres Vaters nach.

MARGARETHE . . . Also, damit das ganz klar ist: Herr Winkelmann ist
kein Patient von mir! Er ist kerngesund! Und nicht
›bekloppt‹, wie du dich auszudrücken pflegst . . . !
VATER TIETZE Aha . . .
MARGARETHE . . . Der Tee ist alle . . . !
MUTTER TIETZE . . . Du weißt ja, wo er ist . . .

Margarethe verläßt mit der Kanne das Zimmer.

MUTTER TIETZE . . . Und vielleicht mag dein Bekannter ja auch ein paar
Erdnüsse . . .

Paul sieht kauend von einem zum anderen. Er zeigt auf die Schüssel, die auf dem
Tisch steht.

PAUL Kekse . . .

Er hat sich verschluckt und hustet.
Margarethe kommt mit frischem Tee herein und stellt die Teekanne wieder auf den
Tisch.

MUTTER TIETZE ... Er hat ›Kekse‹ gesagt ...

VATER TIETZE ... Kekse waren früher einfach in einer Pappschach-
tel ... jetzt ist da so Plastik drum ... das macht die Sache
sehr kompliziert ...

MARGARETHE ... Ich glaube, das interessiert Herrn Winkelmann nicht
so ...

VATER TIETZE Ist Ihnen Regierungsdirektor Gröbe ein Begriff?

Paul schüttelt kauend den Kopf.

VATER TIETZE ... Ich hatte Herrn Gröbe im Herbst '77 eigentlich
schon ganz auf meiner Seite ... aber Sie wissen ja, wie
das ist ... da bauen sie statt dessen ein Kulturzen-
trum ... und uns steht die Schiete bis zum Hals ...

MARGARETHE Vati ... wir können das doch wirklich ein andermal
besprechen ...

MUTTER TIETZE Kurt! Du weißt, daß ich mir dieses Thema bei Tisch
verbeten habe! Ach ... Margarethe, hol doch noch ein
paar Kekse ...

MARGARETHE ... Ich weiß nicht, wo die sind ...

MUTTER TIETZE Muß man denn in diesem Haus alles allein machen ...!

Sie verläßt das Zimmer. Margarethe folgt ihr. Peinliches Schweigen zwischen Paul
und Vater Tietze.

127 *Küche Eltern Tietze. Innen. Tag.*

MUTTER TIETZE Sag mal, was hast du uns denn da angeschleppt?

Sie füllt neue Kekse in die Schale.

MARGARETHE ... Ich dachte, es würde dich interessieren, mit wem ich zusammen bin ...
MUTTER TIETZE ... Mit wem du w a s ?!
MARGARETHE ... Wir reisen zusammen und arbeiten zusammen ...

Mutter Tietze lacht schrill und verläßt mit den Keksen die Küche. Margarethe wirft wütend ein Geschirrtuch in die Ecke und folgt ihr.

128 *Wohnzimmer Eltern Tietze. Innen. Tag.*

VATER TIETZE ... Früher waren das wenigstens Fachleute ... wissen Sie, was ich meine? ... Das waren Fachleute! ... Die verstanden was von ihrem Fach! ... Das waren Fachleute mit Fachverstand!

Während Vater Tietze spricht, treten Margarethe und Mutter Tietze dazu und setzen sich.
Mutter Tietze stellt die gefüllte Schale vor Paul.

PAUL ...Tja ... es war wirklich ganz besonders nett bei Ihnen ...
MUTTER TIETZE Wollen Sie schon gehen?
PAUL ... Ich glaube, ich muß jetzt wohl ...

Paul steht auf. Durch seinen in der Häkeltischdecke festhängenden Jackettknopf gerät Tietzes Teetisch in heilloses Durcheinander. Die Anwesenden versuchen, das Geschirr zu halten und den Knopf zu lösen.

MARGARETHE Warten Sie . . .

PAUL . . . Meine Mutter würde sich sehr freuen . . . wenn Sie auch mal zu uns kämen . . . in den nächsten Tagen . . .

129 *Wohnzimmer und Flur Mutter Winkelmann. Innen. Tag.*

Beginnende Dämmerung.
Mutter Winkelmann übt ein Brahmslied, von Herrn Weber am Klavier begleitet.

MUTTER WINKELMANN *(singt)* . . . Wie ist doch die Erde so schön, so schön! Das wissen die Vögelein . . .

Weber hört auf zu spielen.

WEBER Vielen Dank, Frau Winkelmann, und jetzt vielleicht noch einmal . . . ›Sie heben ihr leicht' Gefieder‹ . . . Und . . .

Während Mutter Winkelmann singt, tritt Paul ins Zimmer. Er hat ein Geschirrtuch und ein Glas in den Händen.

MUTTER WINKELMANN *(singt)* . . . Sie heben ihr leicht' Gefieder . . .

PAUL *(leise)* Mamma . . .

MUTTER WINKELMANN *(singt)* . . . sie heben ihr leicht' Gefieder . . .

PAUL *(etwas lauter)* Mamma!

MUTTER WINKELMANN *(singt)* . . . und singen so fröhliche Lieder und singen und singen . . .

PAUL *(nachdrücklich)* Mamma!

MUTTER WINKELMANN *(singt)* . . . in den l a u e n . . .

Mutter Winkelmann mißrät ein Ton in schriller Höhe.
Herr Weber bricht ab und schlägt eine Taste an.

WEBER ›F‹ . . . Frau Winkelmann . . . ›F‹.

MUTTER WINKELMANN Ja, und?

WEBER   Was Sie gesungen haben, war eher ein As . . .

PAUL   *(verzweifelt)* Mamma . . .

WEBER   . . . Und ›bl‹ . . . ›bl‹ . . . Frau Winkelmann . . . blauen Himmel . . . und . . .

Paul trocknet nervös das Glas ab.

PAUL   Mamma! . . . Ich finde es ganz, ganz wunderbar, daß du mit Herrn Weber musizierst . . . aber wir haben in fünf Minuten Gäste!

MUTTER WINKELMANN   Wir? Du hast Gäste . . .

PAUL   Mamma, ich habe Tietzes gesagt, daß du dich freuen würdest, wenn sie . . .

Mutter Winkelmann sieht in die Noten.

MUTTER WINKELMANN   *(singt)* . . . Das wissen die Vögelein . . . das wissen die Vögelein . . .

Paul läßt entmutigt Glas und Geschirrtuch sinken.

PAUL   Wir hatten doch alles besprochen!

WEBER   . . . Ich darf mich dann wohl zurückziehen . . .

MUTTER WINKELMANN   Sie bleiben, wo Sie sind . . . *(zu Paul)* Was haben wir besprochen?

PAUL   . . . Daß ich Tietzes einladen sollte . . . in deinem Namen . . .

MUTTER WINKELMANN   In Gottes Namen, habe ich gesagt! . . . In Gottes Namen!

Es klingelt.
Mutter Winkelmann, Paul und Herr Weber rühren sich nicht von der Stelle.
Es klingelt zum zweiten Mal.
Paul verläßt das Zimmer, geht durch den dunklen Flur und öffnet die Tür.

PAUL   Hallo . . . treten Sie doch . . . kommen Sie doch näher . . . herein . . . ich . . . äh . . .

Paul tritt etwas zurück. Familie Tietze folgt beklommen.
Paul ruft nach hinten.

PAUL   Mamma . . . ! *(zu Tietzes)* Legen Sie doch schon mal
ab . . . und gehen Sie ins Wohnzimmer . . . Ich bin dann
gleich da . . .

Er eilt in die Küche, ohne das Licht anzumachen.
Tietzes legen in zunehmender Dunkelheit ihre Garderobe ab. Mutter Tietze glättet
mit der Hand Vater Tietzes Haar, nachdem dieser den Hut abgenommen hat.
Mutter Tietze behält ihren Hut auf dem Kopf.

130   *Wohnzimmer Mutter Winkelmann. Innen. Dämmerung.*

Tietzes betreten zögernd das in völliger Finsternis liegende Wohnzimmer.
Nur die Konturen des am Flügel verharrenden Herrn Weber sind schwach gegen das
Fenster wahrnehmbar.
Paul rollt den Teewagen herein und schaltet das Licht ein.
Tietzes blinzeln in die plötzliche Helligkeit.
Paul bemerkt, daß seine Mutter das Zimmer verlassen hat, und deckt den Tisch.

MARGARETHE   Soll ich Ihnen helfen?
PAUL   Oh, nein, danke . . . es geht schon . . . Mamma läßt sich
entschuldigen, sie ist bei einem Kind . . . einem kranken
Kind . . . zwei . . . zwei . . . kranken Kindern . . . von
einer Freundin . . . einer kranken Freundin . . .
MUTTER WINKELMANN   Paul!

Mutter Winkelmann tritt herein. Sie hat ein großes Abendkleid angelegt.

PAUL   Mamma . . .
MUTTER WINKELMANN   . . . Du hättest unseren Gästen ja aber wenigstens einen
Platz anbieten können . . .
PAUL   . . . Das ist Mamma, Frau äh . . .

Er schlägt mit der Hand auf die Stuhllehne.

PAUL   . . . Winkelmann! . . . Das sind . . . äh . . .

| MUTTER TIETZE | Tietzes! |
| PAUL | Ja! |

Margarethe überreicht Mutter Winkelmann einen Blumenstrauß.

| MUTTER WINKELMANN | Oh, wie entzückend . . . ! Bitte, Paul, sei so gut . . . Setzen Sie sich doch . . . |

Sie reicht den Strauß an Paul weiter. Man setzt sich.
Paul entfernt einen verwelkten Strauß aus der Vase auf dem Klavier und ersetzt ihn durch den Strauß von Tietzes. Dieser fällt durch die Öffnung und verschwindet völlig. Irritiert verläßt Paul mit den alten Blumen das Wohnzimmer.

MUTTER WINKELMANN	Schönes Wetter haben Sie mitgebracht . . .
MUTTER TIETZE	Ja. Letztes Jahr um diese Zeit waren wir in Fischbach . . .
VATER TIETZE	. . . Das ist bei . . .
MUTTER WINKELMANN	Fische sind ja heute alle vergiftet . . .
VATER TIETZE	. . . Penzberg . . !

MUTTER TIETZE	Früher ist mein Mann auch viel geschwommen ...
VATER TIETZE	... Penzberg!
MUTTER WINKELMANN	Mein Mann ist vor acht Jahren verstorben ...

Paul kommt mit der Teekanne zurück und beginnt einzugießen.

VATER TIETZE	... Vor vierzehn Tagen ist Regierungsdirektor Gröbe gestorben ...
PAUL	Doktor Krakebusch ist letzte Woche gestorben ... Kannten Sie Doktor Krakebusch?
MUTTER TIETZE	Nein ...
PAUL	... Das war der Ehrenpräsident vom Hundezüchterverband ...
VATER TIETZE	... Wir hatten einen Pudel im Nebenhaus ... der hat immer alles durcheinandergebracht ...
MUTTER WINKELMANN	Paul! Frau Doktor Tietze hat noch keinen Tee ...
PAUL	Oh ...

Er gießt Margarethe Tee ein.

MARGARETHE	Ohne Doktor ... bitte ...
MUTTER WINKELMANN	Ach ...
MUTTER TIETZE	Meine Tochter ist Psychologin ... Diplom-Psychologin ...

Mutter Winkelmann sieht ihren Sohn scharf an.

MUTTER WINKELMANN	... Ich dachte, Frau Tietze ist Wissenschaftlerin ...
PAUL	Mamma ... Frau Tietze behandelt vor allem ...
MUTTER WINKELMANN	*(unterbricht)* Das kann mir ja auch Frau Tietze erklären ...
MARGARETHE	... Ich habe eine Praxis, in der ich vor allem Menschen berate ... die in ihrem Privatleben ... oder auch beruflich ...

Mutter Winkelmann hat nicht zugehört.

MUTTER WINKELMANN	... Möchten Sie noch ein Täßchen?
MUTTER TIETZE	Oh, nein, vielen Dank ... Meine Tochter hat in Hamburg studiert ... sie tanzt auch sehr hübsch!
MARGARETHE	Ach, Mutti!

MUTTER WINKELMANN	*(zu Paul)* . . . Sie tanzt!
PAUL	Mamma hat Gesang studiert . . .
MUTTER TIETZE	Ist Ihr Sohn noch berufstätig?
MUTTER WINKELMANN	Seit ich mich zurückgezogen habe, ist mein Sohn Geschäftsführer unseres Unternehmens und Gründer der Abteilung für Dekorationsstoffe . . .
MUTTER TIETZE	Großhandel? . . . Oder schneidet er mehr so Stücke vom Ballen ab . . .?
MARGARETHE	Mutti!
PAUL	. . . Und Mamma hat Gesang studiert!
MARGARETHE	Ach, Sie singen?
MUTTER WINKELMANN	Oh ja . . . aber als dann der Junge kam . . . *(sie seufzt)* . . . eine Mutter muß bereit sein, Opfer zu bringen für ihr Kind . . . nicht wahr, mein Pussi?

Pauls und Margarethes Blicke begegnen sich.

WEBER	Ihre Frau Mama hat eine sehr schöne Stimme!
MUTTER TIETZE	. . . Und was hat Ihr Sohn studiert?
MUTTER WINKELMANN	. . . Er hat sich jedenfalls nicht in den Hochschulen mit diesen sogenannten Studentinnen rumgetrieben . . .
MUTTER TIETZE	Na, hören Sie . . .!
MUTTER WINKELMANN	. . . die dann später irgendwo in der Etage einen Massagesalon aufmachen und behaupten, sie hätten Patienten!
MUTTER TIETZE	Meine Tochter!
VATER TIETZE	Was is' los?

Paul deutet auf die Keksschüssel.

PAUL	Nehmen Sie doch . . . es sind noch Tietze draußen . . . äh . . . Kekse, meine ich . . .
MUTTER TIETZE	Wollen Sie andeuten, daß m e i n e Tochter . . .?
MUTTER WINKELMANN	Herr Tietze . . .!

Sie deutet auf die Kekse.

MARGARETHE	. . . Frau Winkelmann, ich glaube, Sie würden uns allen eine ganz große Freude machen, wenn Sie für uns etwas singen würden . . .
MUTTER WINKELMANN	. . . Mein Gott! Ich habe jahrelang keine Note mehr gesehen!

PAUL   . . . Denk doch nur, Mamma, wie das Herrn Weber
freuen würde!

MUTTER WINKELMANN   . . . Aber nur was ganz Kurzes!

Sie steht auf.

MUTTER TIETZE   Ich glaube nicht, daß ich Frau Winkelmanns Gastfreund-
schaft noch länger strapazieren möchte . . .

MARGARETHE   Mutti!

*Paul und Margarethe rücken ihre Stühle zurecht, um die Darbietung besser verfolgen
zu können.*
Vater Tietze gießt sich Tee aus der Untertasse in die Tasse.
Mutter Winkelmann durchschreitet das Wohnzimmer und begibt sich an den Flügel.
Herr Weber steht auf und wendet sich an seine Zuhörer.

WEBER   . . . Frau Winkelmann bringt ein Lied von Johannes
Brahms zu Gehör. Es ist sein Opus 6 . . .

MUTTER WINKELMANN   Ja doch!

WEBER   *(mit Nachdruck)* . . . Es ist sein Opus 6 Nummer 4 in
C-Dur und trägt den Titel ›Juchhe‹!

*Herr Weber gymnastiziert seine Hände, legt sie auf die Tasten und tauscht einen
Blick mit Mutter Winkelmann. Diese atmet ein. Herr Weber nimmt die Hände von
den Tasten, legt sie in den Schoß und lächelt milde in sein Publikum.*
*Mutter Winkelmann atmet aus und läßt entnervt die Hände wieder sinken, die sie
anmutig nebst einem Spitzentaschentuch beim Einatmen angehoben hatte.*

WEBER   . . . Johannes Brahms schrieb dieses Lied im Alter von
neunzehn Jahren . . . und eben mit jener Zuversicht, die
in jungen Menschen . . . aber auch in reiferen . . . in uns
reiferen Menschen . . . als heitere Erfahrung . . . Lebens-
erfahrung . . . anklingt . . .

Margarethe und Paul lächeln sich zu.
*Weber legt die Hände auf die Tasten, wechselt einen Blick mit Mutter Winkel-
mann, diese atmet ein. Herr Weber beginnt mit dem Vorspiel, Mutter Winkelmann
singt.*
Mutter Tietze preßt sich ein Taschentuch an den Mund.

MUTTER WINKELMANN   *(singt)* Wie ist doch die Erde so schön, so schön!

Das wissen die Vögelein, das wissen die Vögelein, sie heben ihr leicht' Gefieder, sie heben ihr leicht' Gefieder und singen so fröhliche Lieder und singen und singen in den lauen ...

Paul gerät mit dem Ellenbogen in eine Untertasse.

MUTTER TIETZE	Mir wird ganz ...
MARGARETHE	Pscht!
MUTTER TIETZE	Mir wird übel ...
MARGARETHE	Was is'?
MUTTER TIETZE	Mir ist übel!

Paul hat sich verhört und beugt sich zu Mutter Tietze.

PAUL	Gar nicht übel, was?
VATER TIETZE	*(zu Paul)* Wollen Sie nicht die Fenster zumachen? ... Ich meine, wegen der Nachbarn ...

Mutter Winkelmann ist durch das Flüstern aufs äußerste enerviert und bricht ihren Gesang mit einem ebenso hohen wie falschen Ton ab.

MUTTER WINKELMANN Es hat ja überhaupt keinen Zweck . . .

PAUL Mamma, Frau Tietze sagte gerade, es wäre gar nicht übel . . .

MUTTER WINKELMANN Frau Tietze hat gar nicht hingehört . . . !

Sie macht Anstalten, das Zimmer zu verlassen.

MUTTER TIETZE Ich habe sehr wohl gehört, was Sie über meine Tochter gesagt haben . . .

MARGARETHE Mutti . . .

MUTTER WINKELMANN Paul . . .

PAUL Mamma!

MUTTER WINKELMANN Ich glaube, dein Besuch möchte sich verabschieden!

Paul und Tietzes springen auf.

MARGARETHE Das war wunderschön, Frau Winkelmann . . .

PAUL Ganz wunderschön . . .

MUTTER WINKELMANN Ich entsinne mich nicht, diese Leute eingeladen zu haben . . .

Mutter Winkelmann verläßt den Raum.
Familie Tietze hastet zur Garderobe, Paul versucht sie aufzuhalten.

MUTTER TIETZE Wenn es nach mir ginge, wären wir längst zu Hause . . .

MARGARETHE Mutti, ich bitte dich . . .

VATER TIETZE . . . Wir hatten doch vor dem Konzert irgendwo unsere Garderobe abgegeben . . .

PAUL . . . Aber jetzt wird es doch erst gemütlich . . .

Weber kommt hinter dem Flügel hervor, macht ein paar Schritte in den verlassenen Raum und bleibt ratlos stehen.

VATER TIETZE Gerda, hatte ich nicht einen Hut? . . .

MUTTER TIETZE Wir wären schon längst zu Hause . . .

VATER TIETZE Gerda, ich hatte doch einen Hut, Gerda . . .

MUTTER TIETZE . . . Obwohl ich ungern darauf verzichtet hätte, Frau Winkelmann singen zu hören!

Vater und Mutter Tietze haben sich ihre Mäntel angezogen. Mutter Tietze entnimmt dem Schirmständer den Gehstock ihres Gatten und drückt ihm den Hut in die Hand.

PAUL	... Ich finde ... es war ein netter Abend ... so im Ganzen ... meine ich ...
MUTTER TIETZE	Kommst du, Margarethe? Wir warten draußen im Wagen ...
MARGARETHE	Ich möchte mich noch verabschieden ...
VATER TIETZE	*(im Gehen)* Das ist nicht mein Hut ...

Vater und Mutter Tietze verlassen die Wohnung.
Im Flur stehen sich Paul und Margarethe in gewissem Abstand gegenüber.

MARGARETHE	Paul ...
PAUL	Ja ...

Mutter Winkelmann erscheint wie eine Bildsäule oben auf der Treppe.

MUTTER WINKELMANN   Ach, ich werde hier wohl nicht mehr gebraucht ...

131 *Leihwagen. Außen. Tag.*

Der Wagen fährt auf Nebenwegen durch flache italienische Landschaft.

132 *Leihwagen. Innen. Tag.*

Margarethe und Paul auf dem Rücksitz des Leihwagens.
Ihre Lippen nähern sich, Margarethe schließt die Augen.

MUTTER WINKELMANN   Pussi!

185

Paul und Margarethe fahren auseinander.
Mutter Winkelmann sitzt am Lenkrad des Wagens und hat über den Rückspiegel
ihren Sohn im Auge. Sie trägt den Hut, der Paul alptraumhaft vertraut ist.
In Pauls Gesicht stehen die Zeichen eines nahen Entschlusses.
Dann zieht er seiner Mamma den Hut über Augen und Ohren.

133   *Leihwagen. Außen. Tag. (Große Totale)*

Infolge Mammas Sichtbehinderung wird der Wagen aus einer Kurve getragen. Durch
Wiesen und Wälder fahren die Insassen einer ungewissen Zukunft entgegen.

Ende

Was sonst noch war

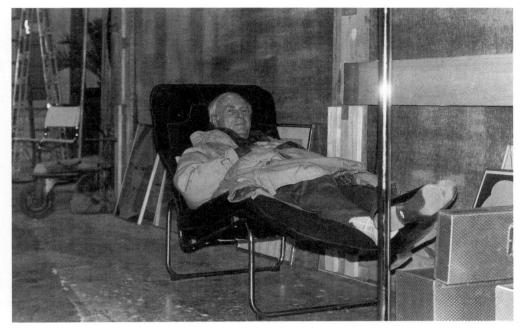

Als diese Aufnahme in der Halle 7 der Bavaria-Studios entstand, hatte man die Suche nach dem Regisseur bereits aufgegeben.

Es gehört zu den tragischen Begleiterscheinungen unseres Films, daß Edda Seippel und Evelyn Hamann diese sympathische menschliche Regung laut Drehbuch nicht ein einziges Mal zeigen durften.

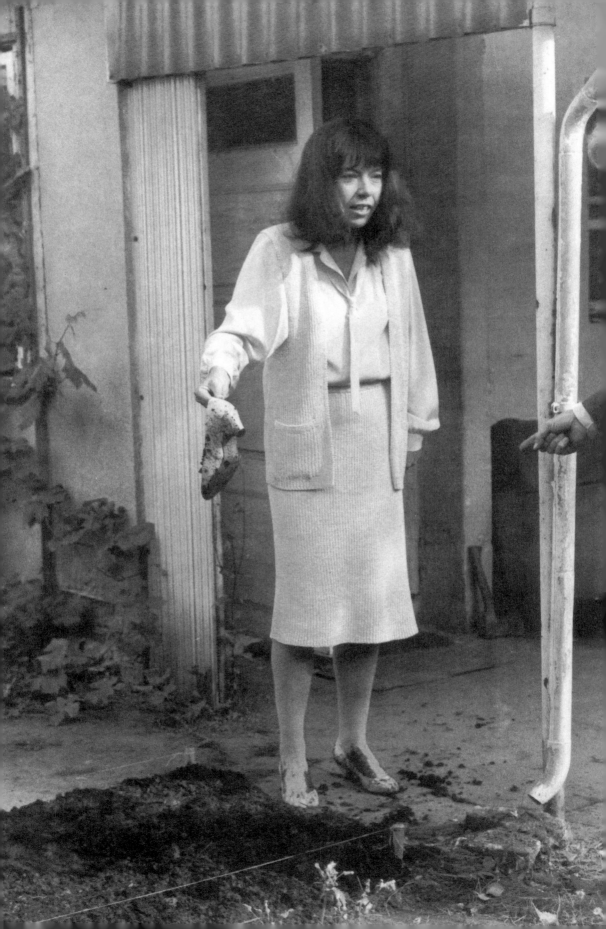

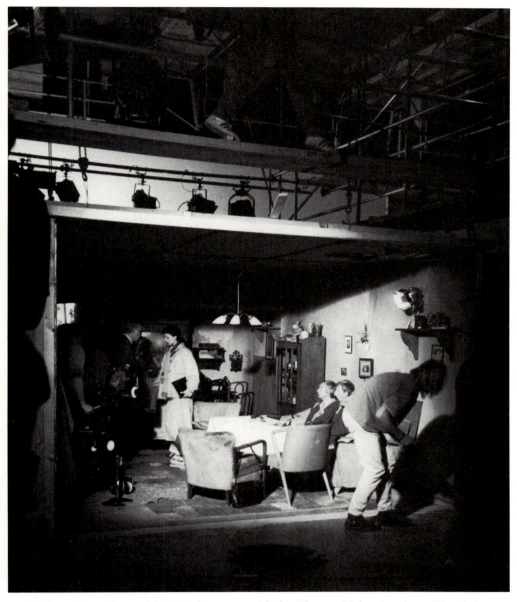
So betrachtet gibt es viele Gründe, warum sich das Ehepaar Melzer in seinem Eigenheim nicht so recht wohl fühlt.

ür die Szene im Gemüsebeet beim Ehepaar Melzer waren insgesamt zwölf Paar Schuhe ereitgestellt. Sie haben gerade ausgereicht.

Ich gebe zu, daß mir die Aufzählung mannigfaltiger Grausorten gewisse Schwierigkeiten bereitete. Nur der Mithilfe meiner Schauspielerkollegen Charlotte Asendorf (verdeckt) und Nikolaus Schilling ist es zu verdanken, daß der Drehplan an diesem Tage eingehalten werden konnte. (Siehe Szene 35 Seite 55–59)

Tonmeister Rainer Wiehr beim Besohlen des Generalintendanten Klaus Schultz (Herr Weber), der etwas zu laut aufgetreten war.

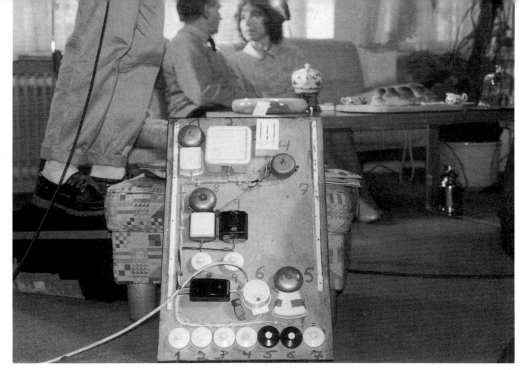

Paul Winkelmann, Margarethe Tietze, der Tonassistent Alois Unger, eine Auswahl klangschöner Wohnungsklingeln und ein Hefezopf.

Das Knabenzimmer von Paul Winkelmann wies unter anderem ein Rhinozeros, zwei Wasserschweine, einen Blechdampfer, Beethoven und Schiller auf. Das Tier oben links ist mir unbekannt.

Ein durch intensives

Nachdenken

erarbeiteter Regieeinfall

kann sich

nach längerem Grübeln

als ziemlich doof erweisen.

Mutter Winkelmann (Katharina Brauren) schickt sich an, ihrem Sohn im Traum zu erscheinen. Sie erhält die Anweisung, hierbei etwa 20 cm über dem Boden zu schweben.

Gegenüber meinem Regieassistenten Wieland Liebske hatte ich einen Vorteil: ich konnte nach anstrengenden Dreharbeiten abends mein dichtes Haupthaar ablegen, er nicht.

Am 14. November 1987 ließ Frau Hamann bei den Dreharbeiten in der zweiten Etage des Hotels Columbia in Genua den für ihre Rolle erforderlichen Ernst vermissen.

Eine leichte Aufhellung für die rechte Gesichtshälfte von Vincenzo Crocitti.

Das ganz natürliche Tageslicht im Mailänder Stofflager am Vormittag des 5. November 1987.

Das gefällige Äußere ist entscheidend für die Karriere eines Filmschauspielers.
Der Hauptdarsteller nach behutsamer Nasenkorrektur. (Siehe Szene 104 Seite 129, 130)

Da die Produktionsleitung aus mir unverständlichen Gründen sich weigerte, den Mailänder Hauptbahnhof in den Studios der Bavaria nachzubauen, waren wir genötigt, unter widrigsten Umständen im Originalgebäude zu drehen.
Der Gleiskörper im Vordergrund ist nur für unsere Kamera verlegt und für hohe Geschwindigkeiten ungeeignet.

Am 9. November 1987 gegen 11 Uhr 30 im Park der Villa Gavotti, 40 km westlich von Genua.
Der Hund hört auf den Namen Axel.

Bei diesem Bild handelt es sich filmhistorisch um eine Rarität: es zeigt Kameramann Xaver Schwarzenberger ohne Zigarre.

Auch außerhalb der Dreharbeiten hat der Regisseur die Aufgabe, auftretende Probleme vorbildlich zu meistern. Die Gelegenheit hierzu bot sich in Rapallo beim Verzehr ausländischer Meeresfrüchte.

Dieser Gesichtsausdruck des Produzenten Horst Wendlandt während der Dreharbeiten bewog mich, den Produktionskosten des Films kaum noch Beachtung zu schenken.

Links der Regisseur, daneben der Herstellungsleiter Willy Egger. Folgt man seinem Zeigefinger, fällt der Blick unwillkürlich auf einen Hubschrauber, von dem aus das Finale des Films aufgenommen wurde.

Die verhältnismäßig hohen Kosten des Films beruhen möglicherweise auf eigenhändigen, künstlerisch besonders wertvollen Malereien des Regisseurs.

Glücklicherweise beschleicht den Regisseur und Drehbuchautor nur selten das Gefühl, sein Filmwerk sei weder künstlerisch noch finanziell zu verantworten.

Wenn ich auf irgend etwas in diesem Film nicht verzichten möchte, dann ist es dies. (Siehe Szene 55 Seite 77–79)

Darsteller

PAUL WINKELMANN	Loriot
MUTTER WINKELMANN	Katharina Brauren
MARGARETHE TIETZE	Evelyn Hamann
MUTTER TIETZE	Edda Seippel
VATER TIETZE	Richard Lauffen
HERR WEBER	Klaus Schultz
BALLETTMEISTER	Walter Hoor
FRÄULEIN HAGEBUSCH	April de Luca
TANTE MECHTHILD	Rose Renée Roth
FRAU GROTHE	Agi Prandhoff
FRAU WESTPHAL	Rosemarie Fendel
HERR MÜLLER	Heinz Meier
DR. SCHNOOR	Hans-Günther Martens
OBER	Erich Schwarz
HERR MEIER-GRABENHORST	Udo Thomer
HERR KEMPE	Jörg Adae
DR. GIESEBRECHT	Eberhard Fechner
FRAU MENGELBERG	Dagmar Biener
FRAU MELZER	Charlotte Asendorf
HERR MELZER	Nikolaus Schilling
FRISEUR BRÖSECKE	Martin Jacobson
SLIPVERKÄUFER	Karl-Ulrich Meves
KRAWATTENVERKÄUFER	Georg Tryphon
KUNDE IN DER STOFFABTEILUNG	H. H. Müller
KUNDIN IN DER MÖBELABTEILUNG	Ingrid Eltgen-Schröder
KUNDE IN DER MÖBELABTEILUNG	Rudolf Unger
KUNDE BEIM HERRENAUSSTATTER	Klaus Münster
FRAU SCHRÖDER	Christine Gerlach
HERR SCHRÖDER	Rainer Pigulla
INSPIZIENT	Lothar Mann
GARDEROBIER	Walter Jacob
KLEINBÜRGER	Heinz G. Diesing
HERR MANCINI	Vincenzo Crocitti
ANTONELLA	Silvia Annichiarico
GINO	Claudio Raimondo
PADRONA	Alina de Simone
1. ARBEITER	Giorgio Vecchio
2. ARBEITER	Giorgio Caldarelli
3. ARBEITER	Umberto Basevi

ZAHNLOSER ALTER	Carlo Alberto Cappelletti
STOFFGROSSHÄNDLER	Romeo Varisco
EMPFANGSCHEF	Piero G. Gerlini
EMPFANGSGEHILFE	Enzo Giraldo
OBER IM HOTELRESTAURANT	Bernard Berat
DAME AM NEBENTISCH	Maria Luisa Cappelletti
HERR AM NEBENTISCH	Aldo Magnani
1. MAFIOSO	Mario Dario d'Ambrosi
2. MAFIOSO	Lorenzo Logli
PASSANT IM PARK	Maurizio Tabani
GEPÄCKTRÄGER	Lino Murolo
BALLETT	Rita Datzira, Brigitte Drees, Doris Pleva, Felia Smolik, Roswitha Völz, Andrea Wordell

Stab

PRODUKTION	Bavaria Film
	Rialto Film
PRODUZENT	Horst Wendlandt
COPRODUZENT	Günter Rohrbach
VERLEIH	Tobis Filmkunst
REGIE, IDEE UND DREHBUCH	Loriot
KAMERA	Xaver Schwarzenberger
REGIE-ASSISTENZ	Wieland Liebske
HERSTELLUNGSLEITUNG	Willy Egger
MUSIK	Rolf Wilhelm
SCHNITT	Dagmar Hirtz
AUSSTATTUNG	Rolf Zehetbauer, Werner Achmann
KOSTÜME	Egon Strasser
PERÜCKEN LORIOT UND FRAU HAMANN	Franz Mayrhofer
MASKE	Martina Angeletti
	Heidi Kirsch
CASTING	Angela Marquis
CASTING ITALIEN	Renate Westphal-Lorenz
KOORDINATION	Vera Brücker
SCRIPT	Susan Nielebock
PRODUKTIONS- UND AUFNAHMELEITUNG	Jürgen Kussatz, Günther Ruß
HUNDEDRESSUR	Zirkus Julian Schubert

ÖDIPUSSI wurde vom 14. 9. bis zum 20. 11. 1987 an den Originalschauplätzen in Berlin, Mailand, Genua (Hotel Columbia), S. Margherita Ligure (Hotel Imperiale) und in den Bavaria Ateliers in München Geiselgasteig gedreht.

Die Uraufführung fand am 9. 3. 1988 gleichzeitig im Kosmos-Filmtheater, Berlin (DDR) und im Gloria-Palast, Berlin (West) statt.

Bildernachweis

WOLFGANG JAHNKE	S. 93, 110, 121, 158, 159, 168, 193, 194 (beide), 198, 199, 200, 201 (unten), 202 (beide), 203, 204, 205 (beide), 206, 210 (oben)
RENATE WESTPHAL-LORENZ	S. 5, 17, 191 (oben), 192, 195 (beide), 201 (oben), 207 (beide), 208 (beide), 209 (beide), 210 (unten)
ROBERT LEBECK, STERN	S. 191 (unten), 196 (alle 3), 197 (alle 3), 211

Alle übrigen Bilder sind Original-Filmaufnahmen

Loriots Werke
im Diogenes Verlag

Loriots Großer Ratgeber
500 Abbildungen und erläuternde Texte
geben Auskunft über alle Wechselfälle des
Lebens. Leinen

Loriots Heile Welt
Neue gesammelte Texte und Zeichnungen
zu brennenden Fragen der Zeit. Leinen

Loriots Großes Tagebuch
Intime Betrachtungen über wichtige Per-
sönlichkeiten unserer Zeit, ergänzt durch
Kommentare zum alltäglichen Leben des
kleinen Mannes. Leinen

Loriots Dramatische Werke
Texte und Bilder aus sämtlichen Fernseh-
sendungen von Loriot. Leinen

Möpse und Menschen
Eine Art Biographie. Leinen

Loriots Ödipussi
Das Buch zum Film mit rund 150 meist
farbigen Bildern. Leinen

Loriots Kleine Prosa
Mit vielen Zeichnungen des Verfassers
detebe 20013

Loriots Tagebuch
Zeitgeschehen von Meisterhand
detebe 20114

Loriots Kleiner Ratgeber
Korrektes Verhalten in allen Lebenslagen
detebe 20161

Loriots Kommentare
zu Politik, Wirtschaft, Kultur und Sport
detebe 20544

Herzliche Glückwünsche
Ein umweltfreundliches Erzeugnis
Bibliothek für Lebenskünstler
Auch als detebe 20943

Der Gute Ton
Das Handbuch feiner Lebensart
Diogenes Evergreens. Auch als detebe 20934

Für den Fall ...
Der neuzeitliche Helfer in schwierigen
Lebenslagen. Diogenes Evergreens.
Auch als detebe 20937

Der Weg zum Erfolg
Ein erschöpfender Ratgeber
Diogenes Evergreens. Auch als detebe 20935

Auf den Hund gekommen
44 lieblose Zeichnungen mit einem Geleit-
wort von Wolfgang Hildesheimer. Bibliothek
für Lebenskünstler. Auch als detebe 20944

Umgang mit Tieren
Das einzige Nachschlagewerk seiner Art
Bibliothek für Lebenskünstler
Auch als detebe 20938

Wahre Geschichten
erlogen vom Verfasser. Bibliothek für
Lebenskünstler. Auch als detebe 20936

Der gute Geschmack
Erlesene Rezepte für Küche und Karriere
Bibliothek für Lebenskünstler
Auch als detebe 20940

Nimm's leicht!
Eine ebenso ernsthafte wie nützliche
Betrachtung. Diogenes Evergreens
Auch als detebe 20939

Neue Lebenskunst
in Wort und Bild. Bibliothek für
Lebenskünstler. Auch als detebe 20941

Menschen, die man nicht vergißt
Achtzehn beispielhafte Bildergeschichten.
Bibliothek für Lebenskünstler
Auch als detebe 20942

Szenen einer Ehe
Bibliothek für Lebenskünstler

Loriots mini Ratgeber
Im mini-Format passend für jede Lebenslage
und jede Tasche. mini-detebe 79036

Loriots ganz kleine heile Welt
Ein Westentaschen-Almanach
mini-detebe 79037

*Loriots kleines Buch der
Katastrophen*
mini-detebe 79045

*Loriots kleines Tierleben von
B bis Z*
mini-detebe 79046

*Loriot's Film Festival
Super Pocket Cinemascope*
Daumenkino in 11 Bänden

Odyssee im Weltraum
mini-detebe 79401

Vom Winde verweht
mini-detebe 79402

Lohn der Angst
mini-detebe 79403

Manche mögen's heiß
mini-detebe 79404

Der dritte Mann
mini-detebe 79405

Endstation Sehnsucht
mini-detebe 79406

Schwarzwaldmädel
mini-detebe 79407

Dr. Jekyll und Mr. Hyde
mini-detebe 79408

Ein Amerikaner in Paris
mini-detebe 79409

Casanova
mini-detebe 79410

Krieg und Frieden
mini-detebe 79411

Fußballfieber
Loriot's Daumenkino zur Fußball-
weltmeisterschaft. mini-detebe 79413

Von Loriot illustriert:
Kinder für Anfänger
Kein Leitfaden von R. G. E. Lempp
Bibliothek für Lebenskünstler. Auch
als detebe 20667

Eltern für Anfänger
Eine Verständnishilfe von R. G. E. Lempp
Bibliothek für Lebenskünstler. Auch
als detebe 20668

Die Ehe für Anfängerinnen
Wie man einen Ehemann erzieht, erläutert
von Hans Gmür. detebe 21004